파키스탄
카라코람 하이웨이
걷기 여행

파키스탄
카라코람하이웨이 걷기 여행

초판 1쇄 인쇄 | 2010년 5월 10일
초판 1쇄 발행 | 2010년 5월 20일

글·사진 | 진우석
펴낸이 | 장세우

편 집 | 황병욱
총 무 | 김인태, 정문철, 김영원

펴낸곳 | (주)대원사
주 소 | 140-901 서울시 용산구 후암동 358-17
전 화 | 02. 757. 6717(대)
팩 스 | 02. 775. 8043
등록번호 | 등록 제3-191호
홈페이지 | www.daewonsa.co.kr

ⓒ2010, 진우석
Daewonsa Publishing Co., Ltd
Printed in Korea 2010

ISBN | 978-89-369-0800-3 03980

잘못 만들어진 책은 바꾸어 드립니다.
책값은 뒤표지에 있습니다.

파키스탄
카라코람 하이웨이
걷기 여행

글·사진 | 진우석

서문

내 생애 가장 아름다웠던 모험의 시간들

　어쩌다 보니 걷는 것이 가장 행복한 일이 되었다. 1990년쯤, 지리산을 종주하면서 산과 걷기의 매력에 빠진 후에 제법 많은 길을 걸었다. 백두대간을 비롯한 한국의 아기자기한 산길, 중국과 일본의 산들, 말레이시아와 뉴질랜드의 원시림, 네팔 히말라야의 에베레스트와 안나푸르나 산길을 거쳐, 현재 파키스탄 카라코람 산맥 언저리에 이르렀다. 그동안 걸어온 길을 돌아보니 푸른 능선 너머 설산이 장관이다. 나도 모르게 높고 웅장한 만년설을 향해 나아가고 있었던 것이다.

　처음으로 히말라야 설산을 만난 것은 에베레스트가 솟아 있는 쿰부 히말라야다. 2000년 여름, 네팔의 카트만두 공항에 내리자 장대비가 쏟아졌다. 직장까지 그만두고 찾았건만 하필 우기였다. 에베레스트 베이스캠프를 향해 걷기 시작한 지 7일째, 페리체(4230m) 마을에 도착하자 심술쟁이 날씨가 다시 비를 퍼부었다. 로지(숙소)에 짐을 풀자 긴 한숨이 터져 나왔다. 일정상 내일부터는 하산해야 했기 때문이다. 밤새 쏟아지던 비는 아침에도 그칠 줄 몰랐다. 히말라야 설산을 보고 싶은 마음에 추적추적 비를 맞으며 전망 좋은 언덕에 올랐다. 언덕에는 여러 개의 초르텐(불탑)이 서 있고, 그 사이에 걸린 룽다(불경을 새긴 깃발)가 바람에 휘날렸다.

　언덕에 쭈그리고 앉아 하늘을 원망하고 있던 순간, 아무런 예고도 기척도 없이 견고한 구름의 성이 스르르 무너졌다. 그리고 눈부신 거대한 것이 나타났다. 셰르파들이 가장 성스럽게 생각하는 아마다블람(6856m)이었다. 맙소사! 설산은 바로 손을 뻗으면 닿을 거리에 있었던 것이다. 그 빛나는 알몸을 보다가 보들레르의 시집 제목인 '악의 꽃'이 떠올랐다. 아마다블람의 모습은 무섭고 두려웠지만, 아름다우며 경이로웠기 때문이다.

히말라야와의 첫 만남은 이렇게 미완으로 끝났다. 하지만 당시의 강렬한 느낌은 사라지지 않고 내 발걸음을 자꾸 설산으로 이끌었다. 흰 산을 벗어나지 못한 또 하나의 이유는 산골 마을의 놀랍도록 순박한 사람들 때문이다. 웅장한 설산 풍경이 나의 신발에 바람을 달아주었다면 그 속의 사람들은 발목을 붙잡는 끈끈한 인정으로 나를 잡아당겼다.

2003년 우연한 기회에 파키스탄을 잠깐 살펴본 후, 웅장한 대자연과 순박한 사람들에 흠뻑 빠져 2006년 여름에는 작정하고 3달간 집중적으로 구석구석을 둘러봤다. 그리고 2008년 5월에는 〈EBS 세계테마기행—파키스탄 편〉 출연자로 참가해 다시 한 달을 돌아다녔다.

그렇게 다녀본 결과, 이곳은 배낭여행의 재미와 산길을 걷는 자유를 두루 갖춘 곳이었다. 게다가 동서양 문명이 만나 꽃피운 실크로드의 역사가 서려 있었고, 자랑스러운 한국인 혜초 스님과 고선지 장군의 눈부신 흔적도 남아 있었다. 그래서 이곳을 예찬하고 안내할 여행서 한 권쯤은 있어도 좋겠다고 생각했다.

파키스탄의 정수는 북부지역에 있다. 이곳은 '날것' 그대로의 자연이 숨쉬는 그야말로 모험의 땅이다. 지구의 지붕을 이루는 히말라야 산맥, 카라코람 산맥, 힌두쿠시 산맥, 파미르 고원이 파키스탄 북부에서 만난다. 히말라야는 장엄하고, 카라코람은 날카롭고, 힌두쿠시와 파미르는 상대적으로 부드럽다.

예로부터 파키스탄 북부지역은 작은 왕국들이 험준한 산맥을 방패삼아 저마다의 독특한 문화를 간직하며 유구한 역사를 이어왔다. 19세기에는 영국과 러시아의 식민지 쟁탈전으로 위기를 겪었고, 1947년 인도가 영국에서 독립하는 과정에서 파키스탄이 분리되면서 대부분 파키스탄 땅으로 귀속되었다. 하지만 작은 왕국들은 여전히 문명의 혜택을 누리지 못하면서 자신들의 고유한 혈통과 풍습을 간직하고 있다.

이 책은 나의 두번째 파키스탄 방문인 3개월의 여행을 기본 뼈대로 한다. 그 여행을 준비하면서 나는 다음과 같은 목표를 세웠다. '되도록 많이 걸으며 자연을 만끽한다.' 그 덕분에 카라코람산맥의 숨은 보석인 날타르, 훈자, 심샬, 루팔, 칼라시 마을 등의 진면목을 둘러볼 수 있었다. 만약에 제임스 힐튼의 소설 『잃어버린 지평선』에 나오는 샹그릴라가 이 세상에 존재한다면, 아마도 이런 마을들의 모습일 것이다. 생각해 보면 그 3개월은 내 생애 가장 열정적이고 아름다운 모험의 시기로 기록될 것이다.

최근에는 필자의 블로그에 찾아와 파키스탄 여행 정보를 물어보는 사람들이 많아졌다. 그들은 대부분 혼자 여행을 떠나는 젊은이들이었다. 그들의 일정을 살펴보고 최대한 유용한 정보를 알려 주었고, 마음으로 뜨거운 박수를 보냈다. 젊은 시절의 여행은 스스로 준비하여 되도록 힘들고 어려운 곳을 가봐야 한다는 것이 필자의 지론이기 때문이다. 그러한 여행이야말로 자신의 영혼을 살찌우는 작은 모험이 될 것이다.

이 책의 여정은 파키스탄의 관문인 이슬라마바드에서 북상해 길기트와 훈자를 거쳐 쿤제랍 고개까지 올라가 카라코람하이웨이(KKH)를 둘러보고, 다시 길기트에서 북동쪽 스카루두를 겨냥해 데오사이를 넘어 낭가파르바트까지, 다시 길기트에서 북서쪽으로 방향을 잡아 산두르 고개를 넘어 치트랄, 치트랄에서 페샤와르를 거쳐 라호르까지 이어진다.

그 여정을 따라 길에 얽힌 역사와 산자락에 숨어 있는 마을과 사람들의 이야기, 마을 너머에 인간의 손길이 닿지 않는 카라코람과 히말라야 그리고 힌두쿠시 산맥의 눈부신 속살, 그리고 길에서 만난 여행자들의 이야기를 두루 담고자 노력했다. 그리고 각 도시와 마을에 대한 정보를 함께 실었다. 이 정보는 현장에서 하나하나 확인했기 때문에 파키스탄 여행과 트레킹을 준비하는 이들에게 귀중한 실전 자료가 될 것이다.

　많은 사람들이 파키스탄 하면 '테러가 끊이지 않는 위험한 무슬림 국가'라는 편견을 가지고 있다. 아마 필자도 이 글을 쓰지 않았으면 그와 같은 생각을 평생 가지고 살았을지 모른다. 그래서 파키스탄의 진면목을 알려준 모든 사람에게 감사드린다. 필자에게 격려와 조언을 아끼지 않았던 코오롱등산학교 이용대 교장선생님과 〈EBS 세계테마기행–파키스탄 편〉을 함께했던 이헌 PD와 최장면 촬영감독, 선구적인 파키스탄 대탐사로 필자의 모험심을 일으켰던 산악인 김창호 씨, 파키스탄으로 진한 공감대를 형성했던 블로그 이웃 보노소년·서티·라다·소하연, 부족한 원고를 묶어주신 대원사 식구들에게 감사의 인사를 올린다. 그리고 필자를 형제처럼 대해준 현지 파키스탄 사람들에게 감사드린다. 그들의 환대가 없었다면 이 책은 만들어지지 못했을 것이다.

북한산 탕춘대성 아래에서
진우석

목차

서문_ 내 생애 가장 아름다웠던 모험의 시간들

제1장 하늘로 열린 길 카라코람 하이웨이

이슬라마바드 무슬림과의 첫 만남 ◆ 15

열기와 검은 눈동자 | 월컴 투 카라코람 하이웨이 | 혹독한 길기트 입성식

이슬라마바드 정보

길기트 실크로드의 십자로 ◆ 28

혜초 스님과 고선지 장군 | 탈레반이 장악한 브로길 고개

길기트 정보

날타르 오랫동안 꿈꾸었던 산마을 ◆ 38

지프 짐칸에 실려 날타르로 | 눈표범이 사는 날타르 마운틴 | '요정이 거주하는 순수의 땅'
공중정원 팍고라 하이캠프 | 치마폭 가득 살구를 가져온 여인

날타르 마을과 트레킹 정보

낭가파르바트 페어리메도우 요정의 숲을 거닐다 ◆ 64

"휴~ 살았다!" | 인더스강에서 7000m 이상 치솟은 봉우리 | 낭가파르바트 베이스캠프를 향해

페어리메도우 트레킹 정보

훈자 '바람계곡'의 나른한 유혹 ◆ 80

배낭여행자의 천국 | 안형의 비밀 | 배낭여행자 숙소 세 곳 | "혼자워터 아차 해!"
카라코람 최고의 전망대, 이글네스트 | 수로를 따라 울타르메도우로
훈자와 울타르메도우 트레킹 정보

파수 거칠고 황량한 땅에서 만난 순수함 ◆ 114

두트 다리에서 만난 압달라 가족 | 투포단과 KKH
파수 정보

심샬 살고자 산으로 올라간 사람들 ◆ 128

투포단, 심샬의 전주곡 | "너희 나라에도 이런 일 자주 있니?" | 미지의 땅, 심샬
심샬의 영웅 신화 '마무 싱 이야기' | 유라시아 대륙의 원형을 만나다 | 설산이 담긴 하늘호수
심샬 트레킹 정보

쿤제랍 고개 동서양의 자연 국경, 파미르 고원 ◆ 156

낙타와 트럭 | 동서양을 가르는 파미르 고원
쿤제랍 고개 정보

제2장 데오사이를 넘어 낭가파르바트로

스카르두 K2와 낭가파르바트의 갈림길 ◆ 167

식중독과 감옥 | 카라포주성의 성지기 할아버지
스카르두 정보

데오사이 고원 꽃피는 히말라야 ◆ 178

알라신의 정원을 하룻밤 빌리다 | 세오사르 호수를 지나 타라싱으로

데오사이 고원 정보

낭가파르바트 루팔 악마의 벽, 낙원의 베이스캠프 ◆ 190

이른 아침마다 옷을 벗는 루팔벽 | 낭가파르바트와 얽힌 운명 |
낙원에서 낙원으로, 락토바 | 메스너를 웃다

낭가파르바트 루팔 트레킹 정보

제3장 칼라시 계곡

판다르 강물처럼 투명한 마을 ◆ 217

산으로 둘러싸인 강물 | 세르발에서 만난 아름다운 가족

판다르 정보

마스튜지 대평원 산두르 고개를 넘어 ◆ 228

장엄한 고원, 산두르 고개 | 세 갈래 길, 세 가지 바람

마스튜지 정보

치트랄 힌두쿠시로 들어가는 관문 ◆ 238

치트랄로 가는 최악의 길 | 산으로 뒤덮인 북서변경주의 수도

치트랄 정보

칼라시 고대에서 온 아름다운 사람들 ◆ 248

힌두쿠시 산맥에 숨겨진 샤머니즘 왕국 | 붐부렛과 룸부르를 이어주는 돈손 고개 |
룸부르, 머물고 싶은 강렬한 유혹

칼라시 계곡 정보

페샤와르 간다라 미술의 고향 ◆ 268

로왈리 고개를 넘어 | 카이버 고개, 알렉산더 대왕이 넘어온 길 | 페샤와르에서 불상이 탄생한 이유

페샤와르 정보

라호르 무굴제국의 영광 ◆ 278

'그랜드 트렁크 로드'를 따라 라호르로 | 무슬림의 영광, 무굴제국 |
파키스탄과 인도의 흥겨운 국경, 와가볼더

라호르 정보

부록 파키스탄 여행과 트레킹 가이드 ◆ 298

1 파키스탄 실전 여행 정보
2 파키스탄 여행 계획 세우기
3 파키스탄 트레킹
4 파키스탄에서 주변국으로 국경 넘기

참고자료

1

하늘로 열린 길

카라코람 하이웨이

아프카니스탄

중국

파수
쿤제랍 고개
훈자
심샬
날타르
길기트
페어리메도우

이슬라마바드

인도

이슬라마바드

무슬림과의 첫 만남

열기와 검은 눈동자

파키스탄 이슬라마바드 공항, 모든 수속을 마치고 천천히 카드를 밀고 나가다가 마지막 유리문이 눈에 들어왔다. 처음 방문하는 나라에 도착해 공항을 빠져나오는 순간, 모든 여행자는 긴장하기 마련이다. 공항을 나서는 순간부터 모든 것을 스스로 헤쳐 나가야 하기 때문이다. 하지만 공항의 마지막 유리문은 새로운 세계로 들어가는 입구이기에 야릇한 흥분을 일으킨다. 유리 너머로 살짝 보이는 낯선 풍경들…… 이번 여행에서는 어떤 사람들이 나를 기다릴까?

잠시 망설이다 힘차게 카트를 밀고 문을 빠져나오는 순간, 발걸음이 주춤하며 멈춰 섰다. 훅~ 하고 끼쳐오는 열기와 동시에 백여 명의 눈동자가 동시에 나를 쳐다보고 있었기 때문이다. 열기는 에어컨이 가동되는 공항 내부에서 밖으로 나가면서 발생하는 온도 차이 때문이지만, 마치 검은 눈동자에서 뿜어져 나온 것처럼 느껴졌다.

군중 오른쪽에는 차도르(이슬람교도 여성이 타인에게 얼굴을 보이지 않게 하기 위하여 쓰는 망토)를 뒤집어쓰고 마치 어둠 속에서 보석처럼 반짝이는 여성들

폴로 경기를 구경하는 사람들. 이슬라마바드 공항을 나올 때 사진처럼 무슬림 사람들의 눈동자 세례를 받았다.

의 눈동자가 있었고, 그 왼쪽에는 온통 무슬림(이슬람교를 믿는 사람. 알라에 복종하는 사람이란 뜻이다) 남성들이었다. 군중의 눈동자에 찔린 내 몸이 잠시 마비되었으나 곧 수습했고, 웃음이 나왔다. 그 모든 눈동자들이 나를 기다렸다는 생각이 들었기 때문이다. 비록 짧은 착각이었지만 덕분에 파키스탄으로의 입장은 유쾌하면서 강렬했다.

하지만 눈동자들이 다른 목표물을 향하자 암울한 현실이 닥쳐왔다. 찜통더위에 숨이 턱 막혔고, 험상궂은 택시 운전사들은 먹잇감을 바라보듯 노려보고 있었다. 그들의 시선을 피해 공항 앞 환전소에서 일단 100달러를 파키스탄 6800루피로 바꿨다. 그러자 택시 운전사가 다가와 어디로 가느냐며 말을 붙였다. 내가 갈 수 있는 숙소는 배낭여행자 숙소와 서울클럽이라는 한국인이 운영하는 고급 게스트하우스였다. 서울클럽은 서울로 돌아갈 때 이용할 생각이어서 배낭여행자 숙소로 가자고 했다. 공항 출입문 오른쪽에는 일정액 수수료를 내면 안전한 택시를 잡아준다는 간판이 눈에 띄었지만, 그것은 어쩐지 파키스탄 사람들에게 대한 예의가 아닌 거 같았다. 그는 400루피를 불렀고, 난 능숙하게 300루피로 깎았다. 그가 흔쾌히 오케이를 했다.

늦은 밤이었지만 거리는 차와 사람들로 번잡했다. 파키스탄은 6월~9월 초순까지가 여름인데 40도를 훌쩍 넘기는 살인적인 더위로 유명하다. 그래서 사람들은 더위를 피해 밤에 활동하고 있었다. 일이 술술 잘 풀린다고 생각했는데, 그것이 고생의 시작이었다. 그는 배낭여행자 숙소를 알지 못했다. 결국 낯선 도시의 밤거리를 몇 시간 동안 헤맨 끝에 할 수 없이 서울클럽을 찾았다. 서울을 떠난 지 거의 24시간 만에 숙소에 들어온 것이다. 방에 들어서자 그대로 침대에 쓰러졌다. 잠시 후 한바탕 쏟아지는 소나기 덕분에 잠시 더위를 잊을 수 있었다.

다음날, 아침밥을 먹다가 택시 기사에게 속은 것을 알 수 있었다. 그는 일부러 나를 끌고 다닌 것이다. 배낭여행자 숙소를 찾지 못하자, 그는 자기가 아는 호텔로 데려가서 이곳은 어떠냐고 내게 물었다. 생각해 보면 수상한 것이 한둘이 아니었는데, 그때는 왜 눈치 채지 못했을까?

웰컴 투 카라코람 하이웨이

이슬라마바드에서 파키스탄 북부지역의 수도인 길기트까지는 버스를 지긋지긋하게 타야 한다. 빠르면 16시간, 보통 18~20시간, 운이 없으면 24시간, 만약 폭우로 길이 끊기면 도착 시간을 기약할 수 없다. 파키스탄 여행자라면 누구나 거쳐야 하는 악명 높은 통과의례다.

오후 2시 버스의 에어컨은 선풍기 수준이었다. 게다가 옆 자리에는 덩치 큰 사내가 파키스탄 사람 특유의 느끼한 웃음을 지으며 아는 체를 했다. 버스는 3시가 넘어서야 간신히 출발했다.

버스는 수시로 쉬었다. 저녁밥을 먹으라고, 손님을 더 태우려고, 엔진을 식힌다고, 심지어 차를 고친다고 퍼질러 앉았다. 그때마다 한숨이 터져 나왔지만 내가 서두른다고 차가 빨리 가는 것은 아니었다. 이슬라마바드에서 북쪽으로 대략 200km 떨어진 만세라Mansehra에서 손님을 꽉 채운 버스는 점점 어둠 속으로 빨려 들어간다.

만세라는 교통의 요지다. 카슈미르, 스와트, 카그한계곡이 여기서 갈라진다. 만약 2005년 카그한계곡의 입구인 발라코트 일대에 지진이 발생하지 않았다면 카그한계곡을 관통해 바부샤르 고개(4175m)를 넘어 길기트로 가는 길을 선택했을 것이다. 인터넷으로 정보를 검색하다가 카그한계곡과 바부사르 고개의 기막힌 사진을 발견했기 때문이다. 알고 보니 그곳은 고원과 숲이 좋은 파키스탄의 유명한 여름 휴양지였다.

여행을 준비하는 과정이 이렇게 힘든 적이 없었다. 3개월 이상 준비했지만 확실한 것은 거의 없었다. 한국어로 된 여행서 한 권 없었기에 영문 책자인 『론리 플래닛』 파키스탄편과 카라코람 트레킹 가이드북을 구입해 읽고, 필요한 장비와 식량을 점검하고, 배낭을 챙겼다가 다시 풀고, 인터넷에서 자료를 뒤졌다. 나름대로 많은 정보를 수집했지만, 불안감은 사라지지 않았다. 하지만, 출발을 앞두고 전전긍긍하다가 어느 순간 '모든 것이 다 잘 될 거야!' 하는 안도감과 함께 눈앞이 환해지는 것은 왜일까? 파키스탄의 친절한 사람들과 기막힌 풍경들이 나를 향해 빛을 보내주는 것은 아닐까?

한숨 졸다가 창 밖을 바라보니, 버스가 다리를 건너고 있었다. 내 짐작이 맞다면 이곳이 유명한 타고트 다리다. 여기서 인더스강을 건너면서 본격적으로 KKH가 시작된다. 1978년 6월, 이 다리에서 성대한 축하연이 벌어졌다. 카라코람 하이웨이 개통식, 즉 타고트 다리에서 쿤제랍 고개(Khunjerab Pass, 4693m)까지 645km 전 구간이 10년 넘는 난공사 끝에 활짝 열린 것이다. 개통식에는 파키스탄의 지아울 하크 계엄사령관을 비롯해 파키스탄과 중국의 고위관리, 일본을 비롯한 각국 주재대사, 공사관계자들이 참석했다고 전해진다.

이렇게 열린 KKH는 중국과 파키스탄을 단숨에 연결하는 대동맥이며 밀월시대에 있었던 양국을 상징하는 길이 되었다. 타고트 다리에서 북쪽은 80% 이상이 단애절벽이라 공사는 난항을 거듭했고, 희생자가 무려 3천여 명이 넘었다. KKH를 지나다 보면 길 여기저기에 희생자들의 넋을 위로하는 비석을 쉽게 볼 수 있다. 이러한 대가를 치르고 당나귀 한 마리가 겨우 지나가는 길은 왕복 2차선 도로로 포장되었다. 다리 앞에 '웰컴 투 카라코람 하이웨이'라고 쓰여 있다는데, 어두워 보이지 않았다.

혹독한 길기트 입성식

밤새 어둠을 달려온 버스가 인더스강이 흐르는 칠라스를 지날 무렵, 옹색한 자리에서 시달린 몸은 말 그대로 파김치가 되었다. 흐리멍덩한 눈동자에 찬란한 아침빛을 받는 낭가파르바트가 나타난 것은 바로 그때였다. 잠을 못 자 헛것이 보이나 하고 아무리 눈을 씻고 쳐다봐도 거대한 만년설 덩어리는 오히려 더욱 또렷해졌다. 낭가파르바트와 눈을 맞추자 신기하게도 그동안의 피로가 씻은 듯이 사라졌다.

이제 목적지가 얼마 남지 않아 그런지 버스 안의 분위기도 밝아졌다. 버스가 라이코트 다리를 건너자 이곳에서 페어리메도우로 가는 길도 살펴보고, 라카포시로 생각되는 거대한 설산을 바라보며 여행자의 천국이라는 훈자 마을을 그려보기도 했다.

그런데 길기트가 다가올수록 배가 심상치 않았다. 옆에 앉았던 사내가 나를 자기 집으로 초대했지만, 배가 아파 본의 아니게 호의를 거절할 수밖에 없었다. 그와 나는 줄곧 함께 짜이를 마시며 식사를 했다. 그의 첫인상이 험상궂어 말도 안 붙였지만, 그 긴 시간 동안 우리는 어느새 길동무가 되어 있었다.

"내 배낭 두 개……"

길기트에 내리자마자 다가오는 택시 운전사로 보이는 사내에게 버스 천정에 놓여 있는 배낭을 가리키며 간절하게 외쳤다. 배를 움켜잡고 엉거주춤한 내 자세를 본 사내는 다급함을 눈치 채고 화장실을 가르쳐주었다. 휴지를 챙길 겨를도 없었다. 버스를 타고 오면서 파키스탄 사람들과 똑같이 먹었던 게 실수였던 것 같다. 닭고기가 들어간 느끼한 볶음밥과 짜파티를 더러운 손으로 맛나게 뜯어 먹었으니……

긴 한숨과 함께 볼 일을 마치니 휴지가 없었다. 이곳 사람들처럼 왼손과 물

설산과 대형트럭은 카라코람하이웨이(KKH)를 대표하는 상징이다. 트럭 안 유리창에 부토 여사의 사진이 붙어 있다.

을 사용해 어색하게 뒷마무리를 했다. 처음에는 이 방법이 영 찜찜하고 불편했지만 파키스탄에 머무는 내내 유용하게 사용했다. 화장실에서 나오니 비로소 잿빛 봉우리들과 멀리 설산들이 눈에 들어오기 시작했다. 이제야 파키스탄 북부 여행의 베이스캠프 격인 길기트에 도착한 것이 실감 났다.

카라코람 하이웨이(KKH)

히말라야와 사막이 뒤섞인 장엄한 대자연

카라코람 하이웨이(Karakoram Highway, KKH)는 파키스탄 북부지역과 중국 신장웨이우얼자치구^{新疆維吾爾自治區}를 연결하는 산악도로다. 파키스탄 아보타바드^{Abbottabad}에서 파키스탄 북부지역의 카라코람 산맥과 중국의 파미르 고원을 관통해 카슈가르까지 약 1200km에 달한다. 이 도로에서 가장 높은 쿤제랍 고개(Khunjerab Pass, 4693m)는 파키스탄과 중국의 국경을 이루고, 세계에서 가장 높은 국경이기도 하다. 국경은 5월~10월초까지 열리며, 그 이후에는 눈 속에 파묻혀 통행이 불가능하다.

이 도로는 1966년부터 건설하기 시작해 1978년 6월에 완공되었다. 파키스탄 타고트 다리 위는 대부분 단애절벽이라 공사는 난항을 거듭했고, 10년 넘는 공사 기간에 3천 명이 넘는 사람들이 희생된 것으로 전해진다. 실제로 도로를 지나다 보면 길 여기저기에 희생자들의 넋을 위로하는 비석을 볼 수 있다.

이렇게 열린 KKH는 옛 실크로드를 대신해 중국과 파키스탄의 교역로 역할을 하고 있으며, 무엇보다 모험심 많은 배낭여행자들의 순례 코스가 되었다. KKH의 핵심은 파키스탄 길기트~훈자~파수~소스트~쿤제랍 고개~타슈쿠르간 구간이다. 이곳에는 고봉과 빙하가 수두룩한 장엄한 대자연 속에 훈자, 파수, 날타르, 루팔 등의 보석 같은 마을이 숨어 있다.

험준한 산악도로가 이어지는 KKH.

1978년 KKH 개통 기념식이 열렸던 타고트 다리

KKH에서 만난 장난꾸러기 소년들

TIP 파키스탄 북부에서 만나는 네 개의 산맥

히말라야, 카라코람, 힌두쿠시 산맥과 파미르 고원

지구에서 둘째가라면 서러운 카라코람, 힌두쿠시, 히말라야 산맥과 파미르 고원이 극적으로 파키스탄 북부지역에서 만난다. 세상에서 이토록 험준한 산맥들이 좁은 지역에 우글거리는 곳은 오직 이곳밖에 없다.

4개의 산맥 중에서 파키스탄을 대표하는 것이 카라코람 산맥이다. 카라코람은 동쪽에서 흘러온 히말라야 산맥이 소멸한 인더스강에서부터 파미르 고원 남부까지 북동진하는데 동서로 약 500km, 남북으로 150km의 면적을 차지한다. 그 말은 터키어로 '검은 바위' 라는 뜻이다.

카라코람의 풍경은 날카롭고 황량하다. 꼭 사막과 히말라야를 합친 것 같이 비현실적으로 느껴진다. 이곳의 특징은 고봉과 빙하다. 지구에서 가장 커다란 내륙 빙하들이 대부분 카라코람에 몰려 있다. 최고봉은 8611m 높이의 세계 2위봉 K2. 이곳에 8000m가 넘는 봉우리는 4개(K2, 가셔브룸1, 가셔브룸2, 브로드피크)로 히말라야보다 적지만 7000m가 넘는 봉우리는 무려 100개가 넘고 7500m가 넘는 봉우리만 해도 30개에 이른다. 이것은 히말라야보다 월등히 많고, 히말라야가 인도, 네팔, 중국, 파키스탄에 이르기까지 광대한 지역에 분포한 것에 비하면 경이로운 수치가 아닐 수 없다.

힌두쿠시 산맥은 파키스탄 북서부에서 아프가니스탄과의 국경지대를 관통하여 아프가니스탄의 수도 카불까지 대략 600km 흐른다. 힌두쿠시는 동쪽 끝에서 다시 남쪽으로 대략 300km 흐르는 힌두라지 산맥까지 포함하고 있다. 최고봉은 7708m 높이의 티리츠미르로 치트랄과 마스튜지에서 잘 보인다. 이 산맥에서 7000m가 넘는 봉우리는 38개다. 그 이름은 아프가니스탄 전통에 따르면 '인도인 살인자' 란 뜻이고, 일반적으로 '인도의 산줄기' 란 뜻으로 알려졌다. 알렉산더 대왕의 동정군이 처음으로 힌두쿠시를 넘어 동양으로 넘어왔다. 당시 알프스만을 보았던 유럽인들에게 힌두쿠시의 험준함은 그야말로 공포의 대상이었다.

히말라야 산맥은 인도 동쪽 브라마푸르트강에서 서쪽 인더스강까지 약 2500km 흐르는 대장벽이다. 그 이름은 산스크리트어로 '눈의 거처', '신의 거주지' 등을 의미한다. 네팔이 히말라야의 땅으로 유명하지만, 파키스탄 땅에는 편잡 히말라야가 솟아 있다. 대표적인 것이 데오사이 고원과 낭가파르바트다. 특히 '죽음의 산' 으로 불리는 낭가파르바트(8215m)는 인류 최초로 등정을 시도했던 8000m급 봉우리로 약 4500m 치솟은 설벽들이 유명한 곳이다. 보통 히말라야는 위에 설명한 산줄기를 말하지만, 그 범위를 넓혀 카라코람, 힌두쿠시, 파미르 고원은 물론, 곤륜산맥과 천산산맥까지 포함하는 넓은 지역을 가리키기도 한다.

파미르 고원은 인류의 역사와 가장 밀접한 관계가 있는 산맥이다. 이곳에 길이 뚫리면서 비로소 실크로드가 동서양을 연결했기 때문이다. 이곳은 산맥이라 부르지 않고 파미르 고원 혹은 파미르 매듭 Pamir Koot 이라고 한다. 지리적으로

카라코람 산맥 중에서 대평원을 이루는 심샬 파미르

유라시아 대륙의 모든 산맥이 매듭이 풀리듯 이곳에서 시작하기 때문이다. 앞에서 언급한 카라코람과 힌두쿠시 산맥은 물론, 중앙아시아와 중국 땅을 흐르는 천산산맥, 곤륜산맥 등이 모두 여기서 시작된다. 최고봉은 구 소련의 최고봉인 코뮤니즘(7495m)이다. 카라코람 하이웨이 중에서 쿤제랍 고개~카슈가르에 이르는 산줄기는 카라코람 산맥이 아니라 파미르 고원이다.

카라코람 산맥 중 비교적 낮은 날타르 마운틴

이슬라마바드 정보

교통과 숙소

공항에서 수속을 마치면 택시를 타고 숙소가 있는 라왈핀디 혹은 이슬라마바드 시내로 이동한다. 이슬라마바드는 신시가지, 라왈핀디는 구시가지로 이해하면 된다. 대부분 숙소와 편의시설이 라왈핀디에 몰려 있다. 라왈핀디는 컬리지 촉(College Chowk, 촉은 사거리)에 있는 퍼플러 인Popular inn과 사다르 바자르에 있는 알 아잠Al-azam 호텔이 배낭여행자 숙소다. 300~500루피. 커미티 촉Committee Chowk에 있는 호텔 리전트Regent는 훈자 출신 사람이 운영한다. 600~900루피.

택시비는 공항에서 이슬라마바드가 200~250루피, 라왈핀디는 150~200루피가 적정 가격이다. 그렇지만 택시 운전사들이 오랜 시간 손님을 기다렸기에 대개 바가지를 씌운다. 그러므로 적정 가격에서 약간 높은 선에서 타협하는 것이 좋겠다. 요금은 택시 타기 전에 협상해야 한다.

이슬라마바드(라왈핀디)→길기트

길기트로 가려면 라왈핀디의 피르와다이Pir Wadhai 버스터미널로 가야 한다. 이곳에서 나트코Natco, 실크루트 등의 대형버스가 수시로 다닌다. 오전 차는 대략 16~18시간 걸리지만, 오후 차는 18~20시간 걸린다. 오전 차를 타려면 하루 전날 전화로 예약해야 한다. 라왈핀디 나트코 사무실(051-927-8441). 라왈핀디→길기트 버스요금은 1160루피. 이슬라마바드→길기트 국내선 비행기는 하루 전날 오전에 예약해야 한다. 결항률이 50%가 넘고 요금이 약 100달러 수준이라 배낭여행자들은 이용하지 않는다.

한국인이 운영하는 게스트하우스

서울클럽(cafe.daum.net/pakistanseoulclub)
이슬라마바드의 유일한 한국 식당 겸 게스트하우스. 고급 호텔 같은 깨끗한 시설과 다양한 한국 음식이 준비되어 있다. 여행이나 트레킹 안내와 정보를 얻을 수 있고, 인터넷도 가능해 원정대가 많이 찾는다. 차량 및 무선전화 대여 등의 일도 취급한다. 2인 1박 및 조식에 2500루피, 공항 픽업 500루피.

주소 | h39. st35 F6/1, Islamabad Pakistan
메일 | chosj22pk@hanmail.net
전화 | (0092)051-282-0205 핸드폰 (0092)300-525-6447

탁실라 도시유적

이슬라마바드는 라호르에 비해 턱없이 볼거리가 없지만 라왈핀디에서 서북쪽으로 3.5km 떨어진 곳에 세계문화유산인 탁실라가 있어 그나마 체면을 유지하고 있다. 탁실라에는 기원전 500년부터 기원 후 500년까지의 약 1천 년간 시대를 달리하면서 모두 12개의 거주층을 이루는 도시유적이 공존하고 있다.

탁실라는 그리스 로마 문헌에 나오는 명칭이고, 산스크리트어로는 탁사실라, 한나라에서는 축찰시라, 저우시라라고 불렀다. 혜초 스님도 당시 건타라국(간다라)을 방문하여 탁실라 유적들을 둘러보았다. 『왕오천축국전』에는 '불타가 과거에 머리와 눈을 던져 오야차五夜叉에게 먹였다는 곳도 모두 이 나라 안에 있다' 는 구절이 있다. 이것은 다섯 야차가 석가의 머리를 베고 눈을 뺐으나 머리와 눈이 다시 나타나 석가의 위력에 감복했다는 전설이 나오는 '머리 벤 곳[捨頭處]'을 설명하는데, 이곳이 바로 탁실라로 추정하고 있다.

BC6세기부터 박트리아 말기의 비르 언덕, BC2세기 무렵 그리스인들이 건설 시르카프, 쿠샨왕조가 건설한 도성 시르수흐 등이 남아 있다. 이외에도 많은 사원터와 스투파(불탑) 유적들이 무너진 모습으로 남아 있다. 라왈핀디 사다르 바자르 등에서 탁실라로 가는 미니버스가 있다.

탁실라는 그리스, 불교 유적 등이 뒤섞여 있다

길기트
실크로드의 십자로

혜초 스님과 고선지 장군

길기트의 유명한 배낭여행자 숙소인 마디나 게스트하우스(이하 마디나)가 천국처럼 느껴졌다. 넓은 마당이 있어 숨통이 트였고, 음식은 깔끔했다. 세계 각국에서 모인 여행자들이 머무르며 다음 여행을 준비하고 있었다. 낮잠을 한숨 자고 나니 겨우 속이 가라앉았다.

시내가 궁금해 숙소를 나서자 거리 전체가 온통 시장통을 이루었다. 망고와 수박 등을 파는 과일가게, 아이들이 몰려 있는 아이스크림 가게, 파리가 풀풀 날리는 정육점, 의자 두어 개 놓고 짜이를 파는 집, 탄두리란 화덕에 난(밀가루 반죽을 화덕에 구워서 만든 인도의 전통 빵)을 구워내는 집이 눈에 들어왔다. 난의 맛은 짜파티보다 고소하고 담백하다. 맛있다고 엄지손가락을 올리니 화덕에서 빵을 꺼내는 사내가 땀을 뚝뚝 흘리며 웃음을 지었다.

길기트는 예로부터 사통팔달 교통의 요지다. 남북으로 카라코람 하이웨이가 지나가며 파키스탄과 중국이 연결되고, 동쪽으로 인더스강을 따라 스카르두, 서쪽으로는 치트랄이 이어진다. 예로부터 중국과 인도를 연결하는 실크로드의 거점 도시라 많은 사람들이 거쳐 갔는데, 그 중에서 우리의 자랑스러

땀을 뚝뚝 흘리며 난을 굽는 가게. 난은 짜파티에 비해 기름기가 없고 두툼하다.

파키스탄의 정육점은 냉장고가 없다.

치킨 요리를 하는 식당

운 선조인 혜초(704~789경) 스님과 고선지(?~755) 장군을 빼놓을 수 없다. 두 사람 중에서 길기트에 먼저 발길을 내딛은 사람은 누구일까?

혜초는 723~727년까지 인도와 파키스탄, 이란 등 중앙아시아를 포함한 서역 일원을 순례하고 『왕오천축국전』이란 책을 남겼다. 천축은 당시 중국에서 인도를 부르는 말이니, 요즘 말로 하면 '나의 인도 불법 여행기'가 될 것이다.

일반적으로 혜초가 고선지보다 먼저 길기트를 방문한 것으로 알려졌다. 하지만 그의 저서인 『왕오천축국전』 연구가 진행되면서 혜초가 직접 방문한 곳과 방문하지 않은 곳이 구분된다는 것이 밝혀졌다. 혜초는 가섭미라국(카슈미르)에 도착한 다음, 대발률국(스카르두)과 소발률국(길기트)을 기술하고 있으

길기트의 거리를 달리는 소형 트럭을 일본 자동차 상표 그대로 스즈끼라고 부른다. 스즈끼는 소형 트럭을 개조한 교통수단으로 가장 저렴하다.

나 직접 방문한 것이 아니라 전해들은 것이다. 혜초는 가섭미라국에서 건타라국(간다라, 지금의 라왈핀디와 페샤와르 일대)으로 이동했다. 따라서 혜초는 길기트를 방문하지 않았다. 길기트를 최초로 방문한 한국인은 혜초가 아니라 고선지 장군이다.

고선지는 고구려 유민 출신으로 당시 서역으로 불리는 실크로드를 호령했던 당나라 장수였다. 747년 고선지는 1만 명을 이끌고 파미르 고원과 힌두쿠시 산맥의 브로길 고개(Broghil Pass, 3600m)와 다르코트(4650m, 坦駒嶺) 고개를 넘어 소발률국(길기트) 원정을 성공으로 이끌었다. 당시 소발률국은 토번(티베트)의 영향에 놓여 있었는데, 토번은 당나라도 두려워할 정도로 막강한 힘을 가지고 있었다.

영국의 고고학자이자 탐험가인 오렐 스타인(1862~1943)은 고선지의 원정 루트를 직접 답사하고 "한니발이나 나폴레옹보다 더 위대한 원정"이라고 극찬했다. 고선지가 소발률국을 정복하고, 750년 걸사국朅師國과 석국石國 원정을 연속적으로 성공하자 서역 72국은 당에 조공을 바쳤다. 따라서 당나라가 서역 지역을 장악하는데 고선지가 결정적인 역할을 한 것이다.

탈레반이 장악한 브로길 고개

마디나에서 트레킹 가이드를 하는 미르자는 한국 여행자들과 아주 친했다. 그럴 수밖에 없는 것이 그의 부인이 한국인이었던 것이다. 미르자는 동료들로부터 선망의 대상이었다. 많은 파키스탄 남자들은 외국인 여자와 결혼하는 것이 꿈이었고, 그 중에서도 한국인 여성의 인기가 좋았다.

미르자가 뜻밖에 소식을 알려줬다. 내가 가장 가고 싶었던 브로길 고개에 탈레반(Taliban, 아프가니스탄의 이슬람 원리주의 무장 정치단체)이 출몰해 외국인 여행자들의 접근이 금지되었다는 것이었다.

브로길 고개는 낙타 대상들이 넘어다녔던 실크로드의 유서 깊은 고개다. 실크로드에서 가장 난코스는 '지구의 지붕'으로 일컫는 파미르 고원이다. 파미르 고원을 중심으로 동서양이 갈리고, 이곳에 교역로가 뚫리면서 비로소 동서양이 하나의 길로 연결되었다. 중국 쪽에서 파미르를 넘어 서역으로 가는 여러 방법 중에서 브로길 고개는 상대적으로 고도가 낮아 많이 이용되었다. 옛날 중국에서는 파미르의 고개에 야생 파가 많이 난다고 해서 총령叢嶺이라고 불렀다. 따라서 문헌에 나오는 총령 중의 하나가 바로 브로길 고개인 것이다.

아울러 브로길 고개는 고선지 장군이 소발률국(길기트) 원정을 위해 넘었던 고개다. 또한 트레킹 가이드북에는 브로길 고개 일대가 파미르 고원과 힌두쿠시 산맥이 만나는 지역으로 넓은 고원이 형성되어 있고, 고원 호수가 많아 매우 아름다운 지역이라고 소개하고 있었다. 아뿔싸! 이것으로 브로길 고개 일대를 며칠간 답사하려는 계획은 수포로 돌아갔다.

브로길 고개의 대안으로 떠오른 곳은 길기트에서 가까운 날타르 마을이었다. 이곳은 주변의 페어리메도우, 훈자 등에 가려 유명세는 덜했지만 아름답다는 소문이 파다했다. 또한 마을을 지나 파고라 고개를 넘어 이스코만 Ishkoman 지역으로 넘어가는 산길이 있는 점도 마음에 들었다.

트레킹 가이드북에 따르면 '카람코람 트레킹의 입문 코스, 고산 숲과 작은 빙하, 너무 높지 않은 고개, 길기트에서 쉽게 접근할 수 있다'고 요약했는데, 이 설명이 나를 유혹하기에 부족하기 짝이 없었다. 그러나 가이드북의 설명은 수정돼야 할 것이다. 날타르 마을과 산길은 나의 파키스탄 여행을 통틀어 가장 아름다웠기 때문이다.

혜초와 고산지

한국 최초의 세계인

중국 당나라 시대에는 불법(佛法)을 구하러 인도로 가는 중국 승려들이 많았다. 대표적인 사람이 18년 동안 구법여행을 마치고 엄청난 분량의 경전을 가지고 귀국한 현장(602~664) 스님이다. 그의 순례 여정이 책으로 묶인 것이 『대당서역기』이고, 천축으로 가는 모험과 고난의 여정을 소설화한 것이 그 유명한 『서유기(西遊記)』이다. 현장과 혜초와 같은 구법승의 활약으로 인도에서 발생한 불교는 동아시아로 전파되어 크게 발전하였다.

혜초는 16세 때인 신라 성덕왕 18년(719년)에 당으로 건너가 남천축 밀교승 금강지를 만나 그의 제자가 되었다. 금강지는 남천축 출신으로 제자 불공과 함께 실론(스리랑카)과 수마트라를 거쳐 719년에 중국 광주에 도착하여 그곳에 얼마간 머물러 있다가, 낙양과 장안에 가서 밀교를 전도하였다.

혜초는 스승인 금강지를 광주에서 만나 밀교를 처음으로 접하게 되었으며, 스승의 권유로 723년 광주를 떠나 스승이 건너온 바닷길을 거꾸로 잡고 인도로 향했다. 약 4년 동안 인도와 서역의 여러 지방을 순유하고, 727년 11월 상순에 당시 안서도호부 소재지인 구자(신장 위구르 자치구의 쿠차)를 거쳐 장안에 돌아왔다. 바로 그 순례의 기록이 『왕오천축국전』이다.

『왕오천축국전』은 1908년 프랑스의 동양학자이자 탐험가 펠리오에 의해 중국 서북부 감숙성의 돈황 천불동에서 필사본으로 발견됐다. 발견된 책은 아쉽게도 책의 앞과 뒷부분이 누락됐고, 본래 세 권이었던 것의 절략본이다.

달 밝은 밤에 고향길을 바라보니
뜬구름은 너울너울 돌아가네
그 편에 감히 편지 한 장 부쳐 보지만
바람이 거세어 화답이 안 들리는구나
내 나라는 하늘가 북쪽에 있고
남의 나라는 땅끝 서쪽에 있네
일남(日南)에는 기러기마저 없으니
누가 소식 전하러 계림으로 날아가리

책이 처음 발견되었을 때는 저자가 누구인지 알 수 없었다. 연구가 진행되면서 저자가 신라인 혜초임이 밝혀졌다. 위의 시는 혜초가 남천축(남인도)으로 가는 도중 고국인 신라를 그리워하는 마음으로 쓴 여덟 구의 시다. 마지막 구절에 나온 '계림'은 혜초가 신라인이라는 결정적인 단서가 되었다.

혜초는 한국인 최초로 대식(아랍)에 다녀왔으며 한문명권에 속하는 사람으로서는 처음으로 대식 현지 견문록을 남겼다. 견문록에 인도, 페르시아, 아랍, 중앙아시아에 관한 귀중한 지식이 담겨 있다.

고선지는 실크로드의 호랑이라고 불리는 고구려 출신의 한나라 장군이다. 고구려가 멸망한 뒤 당에서 군인으로 두각을 나타낸 고구려 유민이 많다. 당에서 노예가 신분 상승하는 유일

고선지는 길기트를 점령하고 길기트강의 다리를 끊었다. 티베트 원군은 끊긴 다리에서 발만 동동 굴렸다고 한다.

한 길이 군인이었기 때문이다.

고사계高舍鷄는 고구려인 20여만 명과 함께 당으로 끌려갔다. 그는 당에서 고선지를 낳았고 군인 생활을 하면서 생존을 위해 어린 아들에게 무예를 가르쳤다. 고선지는 약관의 나이인 20세에 장군에 올라 이른바 4대 서정, 즉 740년의 달해부 원정, 747년의 소발률국(길기트) 원정, 750년의 걸사국 정토, 750년 석국(타슈켄트) 원정을 모두 승리로 이끌었다. 이로써 파미르 고원 동쪽지역의 항당 세력이 제거됨으로써 이 지역은 오늘날까지 중국 영토로 들어오게 된다. 하지만 751년 7월 고선지는 탈레스 전투에서 석국과 이슬람연합군에게 패배함으로써 당은 파미르 고원의 서쪽지역에 대한 지배권을 잃게 된다.

외국학자들은 중국에서 영토 확장에 기여한 인물로 고선지와 한漢의 반초班超를 꼽는데 주저함이 없다. 고선지가 탈라스 전투에 패배함으로써 아랍에 포로가 된 제지공에 의해 제지술이 서방세계로 전파된 사실을 외국학자들은 문명사 차원에서 주목하고 있다.

안녹산의 난이 일어났을 때 고선지는 반군을 당나라 서울 장안에서 멀지 않은 통관潼關 앞에서 막았다. 하지만 고선지는 황명을 어겼다는 죄목이 씌워져 환관이 데려온 칼잡이에 의해 저항 없이 죽임을 당하고 만다.

길기트 정보

길기트는 파키스탄 북부지역의 주도로 예로부터 사통팔달 교통의 요지다. 현재 남북으로 카라코람 하이웨이가 지나가면서 파키스탄과 중국이 연결되고, 동쪽으로 인더스강을 따라 스카르두, 서쪽으로는 산두르 고개를 넘어 치트랄이 이어진다. 따라서 파키스탄 여행과 트레킹의 베이스캠프 역할을 하는 곳이다.

숙소

마디나Madina 게스트하우스
마디나는 길기트의 대표적인 배낭여행자 게스트하우스다. 주인 야굽Yaqoob의 노력으로 각국의 배낭여행자들이 쉬면서 정보를 나누는 국제적인 게스트하우스로 발전했다. 음식은 신선한 재료를 사용하고, 방은 깨끗한 편이다. 넓은 정원이 있어 쉬기에 좋다. 세탁 및 인터넷 서비스가 가능하고 트레킹 가이드들이 상주하며 상담 및 가이드 한다. 도미토리 150, 싱글 및 더블 290~390루피.

전화 | (05811)53536
메일 | yaqoobmadina@hotmail.com

식당

하지 람잔
하지 람잔Ramzan은 길기트 시민들이 즐겨 찾는 식당으로 닭요리를 잘한다. 치킨 카라이 1마리는 3명, 반 마리는 2명이 먹을 수 있다. 트레킹 후 체력 비축에 요긴하다. 마디나에서 5분 거리에 있다.

전화 | (05811)53711

한파여행사

길기트에 거주하는 한국인 정재화 씨가 운영한다. 여행이나 트레킹 상담은 물론 어려운 일이 닥쳤을 때, 도움을 받을 수 있다. 위치는 길기트 시내의 중심지인 파크 호텔 맞은편으로 쉽게 찾을 수 있다.

전화 | (05811)52502

배낭여행자의 천국인 마디나 게스트하우스와 주인장 야굽.

날타르
오랫동안 꿈꾸었던 산마을

지프 짐칸에 실려 날타르로

배낭 두 개를 꾸려 파크 호텔 맞은편 지프 정류장으로 향했다. 큰 배낭은 가이드 겸 포터의 배낭이고, 작은 것은 내가 지고 갈 배낭이다. 날타르 마을 주민을 길잡이 삼아 마을을 구경하고, 파고라(날타르) 고개를 넘어설 작정이었다. 마디나의 직원인 일리야드가 배낭 하나를 메고 뒤를 따랐다. 혼자 떠나는 게 걱정이 된 모양이다. 마디나에 머무르는 동안 일리야드는 절친한 친구였다. 혼자 있는 나에게 다가와 말을 건네고 식사를 함께했다.

 지프를 기다리는데 걱정이 꼬리를 물고 몰려온다. 어떻게 날타르 주민을 포터로 고용할지, 말은 통할지, 산에서 강도라도 만나면 어떻게 할지, 무사히 돌아올 수 있을지…… 숙소로 돌아가려는 일리야드를 붙잡고 '천천히 가자, 쉬자, 먹자' 등의 간단한 우르두어를 적어 달라고 했다. 혹시 포터가 쉬운 영어라도 할 줄 모르면 곤란하기 때문이다.

 날타르로 향하는 지프는 3시가 넘어 출발했다. 지프에는 좌석이 없었다. 지프 짐칸에 그야말로 짐짝처럼 날타르 주민들과 함께 실렸다. 지프는 길기트 시내를 한 바퀴 돌더니 훈자 강을 따라 달리기 시작했다. 강 건너편으로 황량하기 그지없는 거대한 산 아래 실오라기처럼 카라코람 하이웨이가 걸려 있었다. 시원한 강바람을 맞으니 속이 후련하게 뻥 뚫린다. 이제야 진짜 여행하는 기분이 들었다. 작은 마을을 지나면서 지프는 비포장 계곡을 거슬러 올라갔다. 황량하기 그지없는 이 길 끝에 날타르 마을이 있다니 도무지 믿기지 않았다.

"어디 가세요?"

함께 지프를 탄 키가 크고 점잖아 보이는 사내가 내 배낭을 들어보면서 물었다.

"날타르요. 트레킹하려고요."

"텐트 있어요?"

"네."

"그럼 내가 가이드 할게요."

기분 좋게 일이 술술 풀린다. 그렇지 않아도 날타르 마을에 도착해 가이드 겸 포터를 구하려고 했다. 트레킹 에이전트를 통하면 가이드와 포터를 모두 알아서 구해주지만 대신 돈이 많이 든다. 따라서 그곳 지리에 밝은 마을 주민을 가이드 겸 포터로 이용하는 것이 저렴하면서도 안전한 방법이다.

날타르 아랫마을을 지나고 다시 30여 분을 오르자 갑자기 넓은 감자밭과 돌담이 예쁜 날타르 윗마을(Upper Naltar)이 나타났다. 돌담 위에는 빨래가 널려 있었고, 자주색 감자꽃이 활짝 피어 있었다. 마을을 흐르는 계곡 양편 산비탈에는 쭉쭉 뻗은 히말라야삼나무가 그득해 마을을 적시는 옥빛 계곡과 잘 어울렸다. 놀라워라! 그 황량하고 검은 카라코람 산맥 깊숙이 이토록 아름다운 마을이 숨겨져 있다니. 가이드를 자청한 가잔의 감자밭에 텐트를 쳤다. 주변에는 설악산 울산바위 같은 수려한 암봉들이 마을을 감싸고 있었고, 파고라 Pakora 고개로 가는 길 쪽에서 서늘한 바람이 내려왔다.

자주 감자꽃이 핀 아름다운 날타르 마을.

날타르 마을에서 만난 소녀. 이방인을 처음 본 듯한 표정이었다.

마을에 이방인이 출현하자 아이들과 청년들이 몰려들었다. 밭두렁에 쭈그리고 앉아 구경하는 그들의 눈에는 호기심과 호의가 가득하다. 청년들은 텐트 치는 걸 도와주었고 아이들은 식수를 떠다 주었다. 저물 무렵에는 밭에서 코를 찌르는 허브향을 맡으며 저녁을 지어 먹었다. 밤에 텐트 속에서 뒹굴다가 출입문을 열자 후두두 별이 텐트 안으로 쏟아져 들어왔다. 서늘한 바람에 옷깃을 여미며 목이 아플 때까지 별을 쳐다보았다. 그날 밤 일기장에 '견딜 수 없구나, 앞으로 얼마나 더 황홀한 아름다움이, 모험이 나를 기다릴까?'라고 적어 넣었다.

눈표범이 사는 날타르 마운틴

다음날 아침, 가잔은 자기 집으로 나를 데려가 짜이와 짜파티를 대접했다. 손바닥만 한 방에는 아내와 2살배기 딸이 있었다. 아내를 외지인에게 소개해 줄 만큼 날타르 마을은 개방적이다. 식사 후에 우리는 날타르 호수(3270m)를 향해 출발했다. 길은 마을의 감자밭 돌담을 따라 이어졌다. 가잔은 파키스탄에서 가장 아름다운 마을이 날타르이고, 두번째가 낭가파르바트 루팔Rupal이라고 했다. 나는 당연히 거짓말이라 생각했다. 가잔이 가 본 곳이 별로 없고, 루팔 마을의 아름다움은 유명했기 때문이다. 그러나 세 달에 걸쳐 파키스탄 북부지역을 돌아다닌 결과 가잔의 말은 거짓이 아니었다.

상쾌한 아침 공기를 마시며 수려한 풍경 사이를 걷는 맛을 어떻게 설명할 수 있을까. 하지만 언제나 그렇듯 오래가지는 못한다. 서서히 배낭의 무게가 어깨를 짓누르고, 발목이 고통의 신호를 보내온다. 갑자기 오른쪽 산비탈에서 한 소녀가 손을 흔들었다. 다른 사람을 부르는가 싶어 뒤를 돌아보니 아무도 없었다. 소녀는 연방 차 마시는 흉내를 냈다. 차를 마시고 가라는 뜻이다. 가

강렬한 에메랄드빛을 뿜는 날타르 제2호수.

날타르 제1호수는 요정들이 호수에서 튀어나올 듯한 아름다운 캠프사이트다.

잔이 앞서 갔기에 그냥 간다고 손을 흔드니, "짜이, 짜이~"하며 뛰어왔다. 차마 발길이 떨어지지 않아 그곳으로 가자, 기다렸다는 듯 아이들과 아낙들이 몰려나왔다. 그들의 차림새는 형편없이 남루하지만 얼굴은 놀라도록 맑고 투명했다. 왜 그럴까. 맑은 사람들을 만나면 마음이 서늘해지면서 행복감으로 충만해지는 것은. 서로 말은 통하지 않았지만 나는 짜이를 잘 마셨다는 눈빛을 보냈고, 그들은 만나서 반갑다는 웃음을 지었다.

마을을 벗어나자 길은 계곡으로 이어졌다. 눈을 뒤집어쓴 산봉우리에서 녹은 물이 계곡으로 흘러내리는 모습이 곳곳에서 보였다. 가잔은 날타르 산맥에 눈표범(Snow Leopard) 두 마리가 살았는데, 최근에 한 마리가 죽었다고 한다. 눈표범은 전 세계적으로 600여 마리밖에 없는 귀한 동물이다. 그만큼 날타르 마운틴이 원시적이라는 뜻이다.

길은 계속 계곡을 따라가다 시나브로 전나무 숲에 우리를 부려놓았다. 드넓은 초원지대에 쭉쭉 뻗은 전나무들, 그 사이로 맑은 개울이 흐르고 있었다. 가잔은 이곳을 '목동의 숲'이라고 했다. 지도에는 방글라Bangla로 나와 있다. 가잔은 마침 나귀를 몰고 가는 목동 바실을 붙잡아 배낭을 나귀에 실었다. 바실은 나귀를 가리키며 '자누'라고 말했다. 나귀에 이름이 있는 것이 재미있다. 얼떨결에 바실과 자누는 우리의 동행이 되었다.

점입가경이라 했던가. 방글라 이후에 전나무는 자작나무로 바뀌었고 풍경은 날타르 호수에서 절정을 이루었다. 자작나무들로 둘러싸인 호수 심연에서 짙은 초록빛이 뿜어져 나왔다. 주변은 양탄자를 깔아놓은 듯한 초지다. 요정들이 물 위를 뛰놀다가 인기척을 느끼고 후다닥 자작 나뭇가지에 몸을 숨길 것 같은 그런 분위기다. 가잔이 위쪽에 호수가 하나 더 있다고 하기에 작은 언덕을 넘으니 바로 호수가 나타났는데, 믿기지 않게도 물빛이 강렬한 에메랄드빛이었다. 그 빛깔을 망연자실 쳐다보다가 두 호수에는 서로 다른 요정들이 거주하기에 물빛이 다를 수밖에 없다는 결론을 내렸다. 아마도 밤이면 요정들이 물 위를 날아다니리라. 다시 첫번째 호수로 내려와 호수가 잘 보이는 곳에 텐트를 쳤다.

'요정이 거주하는 순수의 땅'

다음날의 목적지는 샤니Shani다. 가잔은 날타르 사람들이 쓰는 언어인 시나Shina어로 샤니는 '요정들이 거주하는 순수의 땅'이라고 한다. 내가 날타르 호수에서 요정을 떠올린 것은 어쩌면 자연스러운 일이었다.

　호수를 벗어나 언덕에 올라서니 시야가 뻥 뚫렸다. 앞쪽의 드넓은 초지는 싱(Shing)이라는 곳으로 수려한 봉우리들, 초지를 적시는 맑은 개울, 산비탈의 자작나무가 어울려 그야말로 낙원의 풍경이었다. 우리와 동행했던 바실은 이곳에서 작별을 고했다. 목동 바실이 낙원의 주인이었던 것이다. 바실은 알까, 자신이 소유한 낙원이 얼마나 아름다운지. 키 작은 민들레가 지천인 라스Lath에서 점심을 먹었다. 여름철에만 이곳 오두막에 거주하는 가잔의 사촌 아저씨인 압둘 카림이 따끈한 짜파티와 짜이를 가져왔다.

　샤니 빙하는 라스에서부터 본격적으로 시작된다. 빙하는 황량하고 위험하다. 그러나 빙하가 없었다면 날타르의 드넓은 초지 역시 없었을 것이다. 빙하의 상류에는 생명이 존재하지 않지만, 얼음은 흐르면서 하류지역에서 많은 생명을 키워낸다.

　로우 샤니Lower Shani를 지나 날타르 마운틴의 최고봉 샤니피크(5887m)가 잘 보이는 곳에 텐트를 쳤다. 샤니피크는 마치 갑옷을 입은 것처럼 바위가 우

목동 바실과 아이들. 바실은 날타르 마을에서 싱까지 우리와 동행했다. 파고라 고개 트레킹의 즐거움은 황량한 카라코람 산맥 속에 숨겨진 고산 초지와 야생화를 만나는 일이다.

락부락하다. 그 오른쪽으로 눈둑이 터지듯 거대한 빙하가 흘러내리는 모습이 장관이다. 해가 기울면서 추위가 덮쳐왔다. 서둘러 저녁을 지어먹고 잠자리에 들었다. 침낭에 들어가 일기를 쓰려고 하는데, 코 고는 소리가 들렸다. 가잔은 오늘도 누우면 곧바로 잠이다. 가잔은 알고 있을까? 이번 트레킹의 성공 여부는 물론 나의 목숨까지 자신의 손에 달려 있다는 걸.

다음날은 하이캠프까지 가는 일정이다. 길은 빙하지대 오른쪽 초지로 나 있었고, 언덕에 올라서자 센트널(Sentinel, 5260m)이 모습을 드러냈다. '파수

날타르 호수를 지나 샤니로 가는 길에 만난 드넓은 초지 싱을 가이드 가잔이 걷고 있다. 낙원을 연상시키는 이 땅의 주인은 목동들이다.

싱 윗마을에 사는 목동들에게 요구르트를 대접받았다. 순박한 사람들을 만나면 기분이 좋고 마음이 서늘하게 정화된다.

꾼'이라는 이름을 가진 이 봉우리의 정상은 눈을 뒤집어쓰고, 우락부락한 암릉이 고개를 높게 쳐들고 파고라 고개와 샤니 일대를 지켜보고 있었다. 센트널 아래로 평평한 고원지대인 파고라 하이캠프, 그 아래로 빙하가 흐르면서 만들어진 초지가 우퍼 샤니다. 우퍼 샤니에는 양과 야크들이 한가롭게 풀을 뜯고 있었다. 우퍼 샤니부터는 고산 야생화가 지천이다. 노란 미나리아제비, 보라색 이질풀, 흰 장구채, 분홍색 솜방망이 등이 바람에 흔들리며 자신의 맵시를 마음껏 뽐냈다.

제법 경사진 길을 1시간 꾸준히 오르니 4000m가 넘는 고도에 커다란 평지가 펼쳐진다. 신기하게도 이곳의 계곡이 아래 우퍼 샤니보다 훨씬 크다. 이곳이 파고라 하이캠프로 엄청난 규모의 고산 초원Alpine Meadows이다. 앞선 가잔을 찾으러 계곡을 건너다가 입이 떡 벌어졌다. 계곡에는 그야말로 물 반 꽃 반이었다. 미나라아제비가 대부분이고, 간혹 설앵초가 보였다. 계곡에 핀 꽃들은 윤기가 흘러 넘쳤다.

걸으려면 어쩔 수 없이 꽃을 밟아야 했다. 주변을 둘러보니 가잔이 계곡 건너편에서 손을 흔든다. 이런! 다시 계곡을 건너 그가 있는 곳에 도착했다. 가잔은 이곳이 파고라 하이캠프의 캠프사이트라고 한다. 이곳 역시 미나라아제비 꽃밭이다. 노란 꽃밭, 시퍼런 하늘, 그 아래 빙하를 품은 센트널, 이처럼 아름다운 캠프사이트는 일찍이 본 적이 없다. 솟구치는 희열을 주체할 수 없어 나도 모르게 덩실덩실 춤을 추다가 와락 가잔을 얼싸안았다.

샤니가 요정들의 거주지라면, 하이캠프는 요정들이 소풍 가는 장소라고 할까. 그곳은 마치 세상에 존재하지 않는 곳같은 신비로운 아름다움으로 충만했다. 4230m의 고도 때문에 초지가 그득해도 목동들이 살지 않는 그야말로 자연 그대로 '날것'의 무주공산이다. 사람이라고는 오직 우리뿐이었다.

다른 험준한 빙하와 달리 날타르의 샤니 빙하는 작고 예뻤다.

흰색 하트 모양을 한 날타르 마운틴의 최고봉 샤니피크. 오르고 싶은 강한 유혹을 떨치기 어려운 미봉이다. 남면과 동면으로 루트가 났으나 북면을 통한 중봉은 아직 인간의 발길을 허락하지 않았다.

'요정들이 거주하는 순수의 땅'이란 의미를 가진 샤니. 높은 봉우리가 센트럴이고, 그아래 펑퍼짐한 곳이 하이캠프다.

꽃밭에 드러누웠다. 올라온 길 너머로 날타르 마운틴의 최고봉 샤니피크가 보였다. 재미있게도 정상 부분이 거대한 하트 모양으로 눈과 얼음에 덮여 있다. 붉은색이 아닌 흰색 하트는 무언가 시적 영감을 불어넣기에 충분했다. 설산을 동경하는 클라이머의 마음에도 저런 흰색 하트가 놓여 있을지 모른다. 평소에는 빨간색이던 하트가 어느 순간 흰색으로 바뀌면 산으로 향하지 않고는 견딜 수 없는, 그리고 흰색이 붉은색으로 돌아오지 못하면 산에서 운명을 맞을 수밖에 없는 그런 하트……

공중정원 파고라 하이캠프

파고라 하이캠프는 아름다웠지만 신기루 속에 들어온 느낌이었다. 그래서 그랬을까. 파고라 고개를 넘어가자는 가잔의 유혹에 넘어간 것이다. 가잔은 고도가 높아 추워서 잠잘 때 고통스럽다고 했다. 이보다 더 높은 곳에서 잔 경험이 있기에 고도는 대수롭지 않았으나 무언가 찜찜했다. 좋은 곳에서 하룻밤 묵으며 풍경을 즐기는 것이 나의 트레킹 원칙이었다. 그런데 왜 그것을 깼을까.

파고라 고개 정상으로 향하는 길은 날카롭게 부서진 모레인 지대다. 생명이 살 수 없는 공간이다. 코가 땅에 닿을 듯한 경사, 숨을 몰아쉬며 후회한다. 하이캠프에서 하루 묵었다 갈걸…… 그러나 되돌릴 수 없다. 가잔은 점점 멀어지고, 머리가 띵하고 숨이 가쁘다. 고소 증세다. 발걸음이 떨어지지 않는 것은 파고라 하이캠프가, 눈에 삼삼한 그 아름다움이 밑에서 올라가지 말라고 잡아당기는 것 같다. 걷다 쉬다를 반복하면서 몸을 끌었다. 앞쪽 큰 구름 속으로 가잔이 사라진다. 다시 나타난 가잔이 삼각 피라미드처럼 생긴 작은 봉우리 옆에 앉아 손을 흔들었다. 그곳이 정상임을 간파하고 젖 먹던 힘을 냈다. 고개 정상 직전에 작은 설원Snowfield이 놓여 있었다. 그곳을 조심조심 건너

파고라 하이캠프에서 가이드 가잔과 함께. 이곳 꽃밭이 캠프사이트다.

면 4710m의 파고라 고갯마루다.

정상에 올라서자 그동안 볼 수 없었던 반대편이 눈에 들어왔다. 맙소사! 그곳은 온통 눈과 얼음, 빙하의 땅이었다. 어떻게 고개 앞과 뒤가 이렇게 극명한 대조를 이룰 수 있을까?

시간은 오후 4시, 가잔이 하산을 서두른다. 오후에는 빙하가 녹기 때문에 위험하다는 것이다. 마지막으로 센트널과 샤니피크에 눈을 한번 맞추고 서격

파고라 빙하의 크레바스. 멀리 눈으로 뒤덮인 곳이 파고라 고개 정상이다.

눈과 얼음으로 뒤덮인 파고라 고개 정상.

서걱 얼음을 밟으며 파고라 빙하로 들어섰다. 파고라 빙하는 예쁜 샤니 빙하와 비교하면 거칠고 무섭다. 발밑으로 빙하 녹은 물이 졸졸 흐른다. 혹시나 크레바스가 나타날까 덜컥 겁이 나 가장의 발자국만 따라 걸었다. 길은 한동안 모레인 지대를 따르다가 다시 왼쪽으로 빙하를 가로질렀다. 빙하를 건너다가 입을 쩍 벌린 크레바스를 발견했다. 조심조심 다가가 안을 들여다봤다. 그곳에는 깊이를 알 수 없는 어둠이 웅크리고 있었다.

무사히 빙하를 벗어나자 긴장이 풀리더니 피곤이 밀려왔다. 그러나 아직 캠프사이트는 멀었다. 마치 용암이 흘러간 자국처럼 황량하고 거친 길이 끝없이 이어졌다. 주변 봉우리에서 카라코람 특유의 거무튀튀한 빛이 퍼졌다. 아! 날타르의 봉우리들은 얼마나 맑게 빛났던가. 새삼 날타르의 아름다움이 새록새록 다가온다. 랄 파타르Lal Patthar 캠프지에 도착한 것은 거의 탈진 직

파고라 정상을 넘어서면 곧바로 파고라 빙하가 시작된다. 강렬한 오후 햇볕에 빙하가 녹기 시작한다.

전이었다.

    서둘러 텐트를 치고, 가잔은 나무를 모아 불을 피웠다. 어둠이 닥쳐오고, 모닥불과 랜턴 불에 의지해 저녁을 먹었다. 분위기는 좋았지만 너무 지친 탓에 일찍 텐트 속으로 기어들어왔다. 그날 밤에는 하늘이 무너지는 듯한 소리와 함께 굵은 소나기가 텐트를 두들겼다. 텐트 밖에 물꼬를 터놓지 않아 걱정인데 가잔은 태연하다. 에라, 모르겠다. 팔깍지 베개를 하고 누워 왼쪽 발을 오른쪽 무릎에 얹고 흔들며 빗소리를 들었다. 얼마 만에 만난 비인가. 가잔이

파고라 골짜기에서 가장 초지가 넓은 곳이 유트다. 유트의 목동 시킴의 딸들.

트레킹을 마치고 파고라 마을의 예쁜 아이들과 공기놀이를 하며 놀았다.

만약 오늘 하이캠프에서 잤다면 파고라 고개를 넘지 못했을 것이라고 한다. 비가 빙하를 갈라놓기 때문이다. 아름다운 하이캠프에서 마음이 찜찜해 과감하게 고개를 넘은 것은 비를 예감했기 때문일까? 하여튼 운이 좋다.

치마폭 가득 살구를 가져온 여인

비는 짧고 굵게 내렸다. 다음날 아침, 텐트 근처에는 죽은 소가 있었다. 가잔은 샤니에 사는 늑대 세 마리가 파고라 고개를 넘어와 소를 죽였다고 한다. 소를 잃은 목동은 속이 상하겠지만 이런 소식이 이방인에게는 신기하고 재미있다. 아마도 늑대들은 다시 파고라 고개를 넘어 샤니로 돌아갔을 것이다. 샤니보다 이곳의 자연환경이 척박하기 때문이다. 늑대는 푸른 초원에서 사는 것이 제격이다.

풀 한 포기 없는 황량한 계곡길을 따르다 만난 유트(Jut/Uts)는 오아시스였다. 파고라 골짜기에서 가장 초지가 많고 맑은 물이 샘솟는 땅이다. 이방인이 나타나자 이곳의 목동인 시킴이 가족을 데리고 어슬렁 나타났다. 그들은 신고 있는 헌신짝처럼 남루했으나 도시 사람들은 결코 가질 수 없는 선한 표정을 지니고 있었다. 서로 얼굴을 쳐다보며 빙그레 웃었다.

유트를 내려서면 길은 벼랑 끝에 위태롭게 걸려 있다. 계곡에는 나무가 없기에 그늘도 없다. 간혹 왼쪽 벼랑에서 흐르는 맑은 물에 갈증과 더위를 식히며 4시간 정도 내려가자 마을이 나타났다. 먼저 눈에 띈 것은 큰 나무들이었다. 나무가 없으면 마을도 없는 법이다. 파고라 주민들이 만들어 놓은 수로를 따라 마을로 들어가 잔디가 깔린 작은 계곡 옆에 벌렁 드러누웠다. 이것으로 트레킹이 끝난 것이다.

멀리 살구나무 아래서 한 처자가 살구를 따고 있었다. 우리 쪽의 눈치를 슬

날타르 트레킹의 백미인 하이캠프. 수려한 센트널 봉우리 아래는 고산 꽃밭이다. 몽유적 아름다움에 견딜 수 없었다.

금슬금 보더니 나를 불러 살구를 받으라는 눈치를 준다. 치마폭의 살구가 데굴데굴 굴러 내 품에 안긴다. 일부는 땅에 떨어져 바닥에 뒹군다. 뜻밖의 황홀한 선물에 머리통을 한 방 맞은 듯 멍하다. 살구는 아주 잘 익었다. 아, 새콤달콤한 이 맛! 그간의 피로가 과육의 살처럼 녹아내렸다.

멀리서 동네 사람들이 지켜보고 아이들이 양동이에 물을 떠온다. 계곡물이 식수로 쓰기에 좋지 않아 깨끗한 물을 보내준 것이다. 파고라 마을 사람들은 수줍음이 많아 이방인에게 다가오지는 않았지만 멀리서 친절함을 보내왔다. 호기심을 참지 못하고 찾아온 아이들과 사진을 찍고 공기놀이를 하며 놀았다.

저물 무렵, 저녁을 먹으면서 그동안 배낭 안에 고이 간직한 팩소주를 따 가잔과 건배를 했다. 그리고 텐트 밖에 매트리스를 깔고 누워 별을 바라보며 흥얼흥얼 노래를 부르고, 갑자기 정신 나간 사람처럼 낄낄거리며 파고라의 마지막 밤을 만끽했다.

날타르 마을과 트레킹 정보

날타르 마을은 길기트에서 불과 2~3시간 거리에 있지만 페어리메도우와 훈자를 찾는 사람이 뜸하다. 주민들은 친절하고 수려한 산과 옥빛 계곡이 어울려 매우 아름답다. 파고라 고개 트레킹은 총 46.9km, 최고 높이 4710m까지 오르며, 6~7일 걸린다. 길은 날타르 쪽이 평탄한 반면, 반대편 파고라 쪽은 험하고 위험하다. 반드시 길을 잘 아는 가이드 혹은 포터와 동행해야 한다. 등산 장비가 없는 여행자들은 마을 게스트하우스에서 1박하면서 마을을 구경하고, 다음날 날타르 호수까지 당일 트레킹을 꼭 권하고 싶다.

교통

길기트→우퍼 날타르

길기트에서 날타르 마을로 가는 지프는 패신저Passenger 지프다. 패신저 지프란 승객이 있어야만 떠나는 지프를 말한다. 따라서 승객이 없으면 운행을 하지 않고 시간도 유동적이다. 다행히 길기트→날타르행 지프는 상대적으로 규칙적인 편이다. 정류장은 에어포트 로드, 파크 호텔 건너편의 자글롯이다. 지프는 보통 12~14시 사이에 출발한다. 요금은 100루피. 길기트에서 날타르로 가는 전세Special 지프는 1800~2000루피.

파고라 마을→길기트

보통 트레킹은 오후 시간에 파고라 마을에서 끝난다. 오후에는 대중교통편이 없기 때문에 파고라 마을에서 하루 자고, 다음날 오전에 길기트로 돌아오는 것이 좋다. 오전 6시에 길기트행, 6시~7시 사이에 가구치Gakuch행 지프가 있다. 가구치에서 길기트행 버스는 수시로 있다. 요금은 200루피.

파고라 고개(날타르 마운틴) 트레킹 일정

일정	코스(높이)	거리(km)	시간
1일	길기트(1494m)~우퍼 날타르(2820m)		2~3(지프)
2일	우퍼 날타르~날타르 호수(3270m)	11.2	4
3일	날타르 호수~로우 샤니(3690m)	9.5	4
4일	로우 샤니~파고라 하이캠프(4230m)	4.4	4
5일	하이캠프~파고라 고개(4710m)~유트(3390m)	12.1	8
6일	유트~파고라 마을(2220m)	9.7	5
7일	파고라 마을~길기트		4(지프)

날타르 마을 펠레스호텔과 주인장.

가이드와 포터 구하기

길기트의 트레킹 대행사에서 구할 수 있다. 가장 저렴하고 편리한 방법은 날타르 마을에서 주민을 가이드 겸 포터로 고용하는 것이다. 날타르 마을의 '가잔 칸'은 파고라 고개 트레킹 경험이 많다. 길기트 마디나 게스트하우스의 일리야드에게 문의하거나 우퍼 날타르 마을에 도착해 수배한다.

숙소와 식당

우퍼 날타르에는 알람 잔Alam Jan이 운영하는 날타르 페리스Naltar Palace 호텔이 좋다. 2인 700~900루피, 식사 및 핫 샤워가 가능하다. 이곳에서 가이드 및 포터를 구할 수 있다.

비용

길기트→우퍼 날타르 100루피(패신저 지프). 파고라→길기트 150루피(미니버스). 가이드 겸 포터 임금: 300루피(1스테이지)×9(스테이지 총합)+300(보너스)=3000루피. 목동에게 구입한 계란 5개(1개 5루피) 25루피. 따라서 총합은 3275루피(약 52,400원, 10루피=160원). 만약 날타르 펠리스 호텔에서 묵으면 비용이 추가된다.

*스테이지-파키스탄의 포터 임금은 일당이 아니라 스테이지로 계산한다. 네팔의 포터는

무조건 일당으로 계산하지만 파키스탄은 다르다. 길이 멀고 험하면 하루라고 해도 2~3스테이지에 해당한다. 파키스탄은 히말라야 고산등정이 가장 먼저 발달했기에 이러한 합리적인 임금 제도가 자리 잡았다.

지도
스위스(The Swiss Foundation for Alpine Research)에서 제작한 〈1:250,000 KARAKORAM〉 지도가 좋다. 총 2장인데, 날타르 마운틴은 앞장(Sheet I)에 나와 있다. 이 지도는 현지에서 구하기 어렵다. 파키스탄에서 제작한 총 3장짜리 〈1:200,000 KARAKORAM〉 지도는 완성도가 떨어지지만 구하기 쉽다.

일정별 가이드
1일 길기트→우퍼 날타르(2820m)
답답한 도시를 벗어나 길기트 강을 거슬러 올라 아름다운 날타르 마을을 만난다. 길기트에서 오후 2시에 지프가 출발한다면 4~5시경에 우퍼 날타르에 도착한다. 호텔에 숙소를 잡거나 텐트를 치고 마을을 둘러보며 친절한 사람들을 만난다.

2일 우퍼 날타르→날타르 호수(3270m)
전나무와 자작나무 숲, 옥빛 계곡, 눈부신 산이 어울린 풍경 속을 걷는다. 마을에서 1시간 30분 지나면 '목동의 숲'이란 이름을 가진 방글라Bangla에 도착한다. 이곳은 그윽한 전나무숲이고, 맑은 개울이 흐른다. 방글라에서 1시간 30분 걸리는 날타르 호수는 자작나무 숲에 안겨 초록빛을 뿜는다. 마을에서 호수까지는 4시간 걸리는데 길은 평지처럼 순하다. 식수는 방글라 이후 쉽게 구할 수 있다. 호수 주변의 아름다운 캠프사이트에서 황홀한 하룻밤을 보낼 수 있다. 고도는 450m 오른다.

3일 날타르 호수→로우 샤니(3690m)
낙원 같은 길이 계속되며 처음으로 샤니 빙하를 만난다. 날타르 호수를 벗어나 30분 지나면 드넓은 초지 싱shing이 나온다. 싱을 지나면 자갈밭이 30분가량 이어지고, 목동의 집 몇 채가 있는 구파Gupa에 도착한다. 구파에서 계곡을 건너 50분 오르면 키 작은 민들레가 지천인 라스Lath. 라스에서 처음으로 샤니 빙하를 만난다. 여기서 로우 샤니까지는 1시간 걸린다. 캠프지는 맑은 물이 흐르고 작은 초지가 있다. 호수에서 로우 샤니까지 4시간 걸린다. 곳곳에 맑은 물이 흘러 식수 걱정은 없다. 고도는 420m 오른다.

4일 로우 샤니→파고라 하이캠프(4230m)

이번 트레킹에서 가장 아름다운 구간이다. 로우 샤니에서 우퍼 샤니까지 완만한 오르막으로 2시간 걸린다. 우퍼 샤니의 넓은 초지에 소들이 방목되고 있다. 여기서 왼쪽 계곡 급경사를 1시간 30분 오르면 거대한 고산 초지가 나타나고 넓은 계곡을 만난다. 초지와 계곡이 온통 꽃밭이다. 계곡을 왼쪽으로 끼고 30분 가면 하이캠프를 만난다. 캠프지 역시 미나리아제비 꽃밭이고, 센트널과 샤니피크가 기막히게 보인다. 고도는 540m 오른다.

5일 하이캠프→파고라 고개(4710m)→유트(3390m)

하이캠프에서 황홀한 하룻밤을 보내고 파고라 고개를 넘어 지옥 같은 파고라 빙하 지대로 들어간다. 하이캠프에서 길은 계곡과 헤어져 급경사 오르막으로 이어진다. 2시간 정도 지나 정상이 가까울 무렵에 몇 개의 작은 설원Snow field을 만난다. 그곳을 건너면 파고라 고개 정상이다. 고개 반대편인 파고라 방향은 온통 눈과 얼음으로 뒤덮여 있다.

고개를 내려와 파고라 빙하를 30분가량 걷다가 오른쪽의 모레인 지대로 올라서야 한다. 거칠고 길도 없는 모레인 지대를 40분 지나면 왼쪽으로 빙하를 가로지른다. 거칠고 황량한 파고라 골짜기을 2시간 내려오면 손바닥만 한 초지가 있는 랄 파타르다. 여기서 거친 길을 2시간 더 내려가면 파고라 골짜기 중에서 가장 초지가 발달한 유트에 이른다. 유트의 목동에게 계란과 우유를 구할 수 있다. 식수는 랄 파트르와 유트에 있다. 고도는 480m 오르고, 1320m 내려간다.

6일 유트→파고라 마을(2220m)

사막 같이 황량한 길을 내려가 오아시스 같은 파고라 마을을 만난다. 유트에서 마을까지 4시간 30분~5시간 걸리는데, 그늘이 거의 없기 때문에 모자와 수건 등으로 뜨거운 볕을 잘 막아야 한다. 파고라 마을에 도착해 계곡 옆이나 적당한 지점에 텐트를 치고 마지막 밤을 보낸다. 식수는 중간 중간 계곡 옆에서 맑은 물이 나온다. 고도는 1170m 내린다.

7일 파고라 마을→길기트

마을에서 버스정류장까지 20분 걸어야 한다. 오전 6시에 길기트로 가는 지프가 있다. 이것을 놓치면 가구치 가는 미니버스를 타고, 가구치에서 길기트로 간다. 마을에서 가구치까지 이스코만 강을 따라 내려가는데, 이 길은 눈이 휘둥그레질 정도로 아름답다. 길기트까지 3~4시간 걸린다.

낭가파르바트 페어리메도우

요정의 숲을 거닐다

"휴~ 살았다!"

마디나로 돌아와 텐트를 말리고 빨래도 하면서 쉬었다. 어제 길기트에서 헤어졌던 가잔이 말쑥한 모습으로 나타나 함께 점심을 먹었다. 가잔도 오랜만에 씻고 피로를 풀었을 것이다. 마디나에는 반갑게도 한국인 여행자들이 많았다. 부산 총각과 대구 처녀 커플, 6개월째 여행 중이라는 부부와 인사를 나누었다. 안형이 나타난 것은 바로 그때였다.

"Oh! Brothers!"

그의 등장은 좀 요란했다. 한 서양인과 함께 식당으로 들어오면서 호들갑스럽게 호텔 직원들과 번갈아가며 포옹을 했고, 식사 중인 각국의 여행자들에게 인사를 건넸다. 'Brother'란 말은 무슬림 국가인 파키스탄에서는 서양의 'Friend'처럼 흔한 인사말이다. 그렇지만 외국인이 스스럼없이 형제를 외치며 포옹인사를 하는 것은 드물었다. 부산 총각은 "꼭 앙드레 김 같은데요……" 하면서 슬며시 꼬기도 했다.

한국 사람들은 함께 저녁을 먹으며 서로 여정을 이야기했고, 대구 처녀가 내일 페어리메도우에 갔으면 좋겠다고 했다. 이 말에 모두 의기투합하여 다음 날 함께 떠나기로 했다. 나는 날타르에 다녀온 피로가 풀리지 않았지만 페어리메도우가 쉬운 코스이고, 사람들과 어울리는 것이 즐거워 기꺼이 함께하기로 했다. 길에서 우연히 만나 동행이 되는 것이 재미있으면서도 신기하다.

다음날, 길기트 터미널에서 칠라스행 미니버스에 오른 일행은 한국인 6명에 안형과 동행했던 프랑스 대학생 삐에까지 총 7명이었다. 길기트에서 KKH를 타고 2시간쯤 내려가 라이코트 브리지 앞에서 내렸다. 페어리메도우에 가려면 이곳 샹그릴라 호텔 앞에서 타토Tato 마을까지 운행하는 지프를 타야 한다.

여기서 타토 마을까지 이어진 길은 험하기로 악명 높다. 길을 만든 건 타토 마을 주민들이다. 그들이 18년 전부터 라이코트 계곡의 험한 절벽에 길을 냈다. 절벽을 따라서 일부를 도려내듯이 깎아내고 그 돌로 벽돌을 다듬어서 차 한 대가 다닐 수 있도록 절벽 옆에 차곡차곡 쌓았다고 한다. 장비라고는 곡괭이, 지렛대, 삽, 망치가 전부였다.

대기 중인 지프 운전사와 흥정을 했다. 운전사는 왕복 3000루피를 불렀다. 깎아달라고 해도 들은 척도 안 한다. 게다가 7명이 한 차에 타면 위험하므로 두 대에 나누어 타라고 으름장이다. 사실 파키스탄의 물가를 생각하면 3000루피는 터무니없이 높은 가격이다. 하지만 울며 겨자 먹기 식으로 따를 수밖에 없다. 7명을 지프 두 대로 나눈 것도 장삿속이었다. 나중에 내려오면서 7명 이상 탄 지프가 올라오는 것을 보았기 때문이다.

지프는 샹그릴라 호텔 뒤쪽의 황량한 산속으로 들어갔다. 처음에는 그럭저럭 버틸만한 길이었으나 라이코트 계곡Raikot Gah 안쪽으로 들어서면서부터 분위기가 확 바뀌었다. 계곡의 반대편에는 오래된 길들이 산사태로 쓸려나간 흔적이 군데군데 보였다. 계곡 절벽은 너무 깊어 아래를 내려다볼 염두조차

라이코트 브리지에서 페어리메도우로 이어지는 아찔한 벼랑길.

안 났다. 심지어 도로가 절벽보다 바깥으로 슬며시 나온 구간까지 있었다.

모퉁이를 돌자 반대편에서 내려오는 지프와 마주쳤다. 어떻게 서로 지나갈 것인가. 운전사 두 사람이 내려 뭐하고 하더니, 내려오던 지프가 후진해 적당한 공간에 차를 세워 두 차가 아슬아슬하게 통과했다. 이때 까딱 잘못하면 바깥쪽의 지프는 수천 길 낭떠러지로 추락한다.

자동차 엔진 소리와 자동차 바퀴와 자갈들이 맞부딪히는 요란한 소리가 갑자기 멈췄다. 과열된 엔진을 식히기 위해 차를 세운 것이다. 그렇게 두 번 더

냉각수를 채우고, 두 번 더 지나가는 차량과 교차하여 타토 마을에 도착했다. 차는 마을에서 좀 더 올라가 젤(Jhel, 2666m)에 멈췄다. "휴~ 살았다!" 지프에 탄 일행들은 내리면서 모두 가슴을 쓸어내렸다.

인더스강에서 7000m 이상 치솟은 봉우리

인도 대륙 북쪽에서 중앙아시아 고원 남쪽을 동서로 장장 2500km 흐르는 히말라야 산맥. 그 서쪽 끝자락에 세계 9위봉 낭가파르바트(8125m)가 솟아 있다. 낭가파르바트는 상대적으로 고도가 낮은 파키스탄 펀잡 지역에 느닷없이 치솟아 오래전부터 숭배와 경외의 대상이었다. 히말라야 산맥은 낭가파르바트를 마지막으로 인더스강에 끊겨 그 맥을 다한다. 그렇지만 낭가파르바트를 빚어낸 역동성은 강을 넘어 카라코람과 힌두쿠시 산맥으로 이어진다.

페어리메도우Fairy meadows는 말 그대로 요정의 초원이라는 뜻이다. 요정이라는 말은 서구에서 온 말인데, 어떻게 이런 이름을 갖게 되었을까? 이는 1932년 낭가파르바트 독일원정대가 이곳에 왔다가 붙여준 이름이다. 독일은 집요하게 낭가파르바트 등정에 매달렸고, 무려 31명의 희생자를 제물로 삼고 나서야 정상 등정에 성공할 수 있었다.

산길은 젤에서 시작한다. 길은 좁은 계곡을 거슬러 오르는 호젓한 숲길이다. 찻집에는 포터들이 당나귀들과 함께 손님을 기다리고 있었다. 우리 일행 중에 포터를 이용할 사람은 없다. 3시간만 오르면 숙소가 있는 페어리메도우에 도착하기 때문이다.

잣나무들, 야생 장미, 히말라야 노송들이 뿜어내는 깊은 향과 멋을 만끽하며 걷는 길은 상쾌하다. 제법 땀이 흐르고 다리가 팍팍해 질 무렵, 히말라야 삼나무가 가득한 숲 너머로 구름 속에 웅크린 낭가파르바트가 눈에 들어왔다.

약 4000m쯤 되는 설벽이 일어선 낭가파르바트.

낭가파르바트를 배경으로 경건한 기도를 올리는 게스트하우스 주인장.

구름 속에 숨은 산은 높이를 가늠할 수 없다. 아마도 하늘과 맞붙어 있을 것이라고 상상해 본다.

어느덧 시야가 뻥 뚫리면서 라이코트 빙하가 한눈에 들어왔다. 여기서 오른쪽으로 방향을 틀면 전나무와 히말라야 삼나무가 숲을 이룬 아름다운 요정의 초원, 페어리메도우다. 바닥은 곱게 자란 풀들이 잔디처럼 깔려 있고 맑은 시냇물들이 이리저리 굽이쳐 흐르는 곳곳에 통나무집들이 자리 잡았다. 두 개의 숙소 중에서 전망이 좋은 곳에 배낭을 풀었다. 먼저 온 서양인들이 텐트를 치고 식사 준비를 하고 있었다.

이곳을 처음 찾은 독일원정대는 아마도 눈이 휘둥그레졌을 것이다. 그 지옥 같은 황량한 계곡 안쪽에 이처럼 평화로운 낙원이 있을 거라고 상상이나 했을까? 하지만 더욱 놀란 것은 요정의 숲 뒤로 신화처럼 솟아오른 낭가파르바트다. 아름다운 숲은 독일 영토에도 일부 속한 알프스에 가면 흔하다. 하지만 3306m의 페어리메도우에서 무려 5000m가량 치솟은 설벽은 상상도 못해 봤을 것이다. 그들은 낭가파르바트를 보면서 어떤 생각을 했을까.

수염이 덥수룩한 숙소 주인과 험상궂은 동생은 예상외로 친절했다. 곧바로 뜨거운 차를 끓여 내오더니 일찌감치 식사주문을 받았다. 우리들은 둥그렇게 둘러앉아 낭가파르바트를 바라보며 페어리메도우에 입성한 기쁨을 누렸다.

이른 아침 페어리메도우를 출발해 베이스캠프로 이동하는 트레커들.

페어리메도우 아이들은 드넓은 천연 잔디밭에서 크리켓 경기를 즐긴다.

모두 땀에 절었지만 얼굴에는 희열이 넘쳐 흘렀다.

갑자기 식사 준비를 하던 주인을 비롯한 숙소 직원들이 일손을 놓고 마당에 모였다. 알라신께 기도 올릴 시간이 된 것이다. 무릎을 꿇고 수차례 절을 하는 경건한 모습 뒤로 설산 낭가파르바트가 빛을 뿜고 있었다.

저녁을 먹고 같은 방을 쓰게 된 안형, 삐에와 이런저런 이야기를 나누었다. 두 사람 모두 인도에서 파키스탄으로 넘어왔고, 페샤와르에서 만나 동행이 되었다고 한다. 그리고 파키스탄을 거쳐 이란으로 넘어갈 예정이었다. 파키스탄은 인도, 중국, 이란, 아프가니스탄과 국경을 접한 까닭에 육로 배낭여행자들이 반드시 들러 가는 코스가 되었다. 안형의 삐에 칭찬이 이어졌다. 소탈하고 다른 서구인들과 겸손해서 좋다고……

낭가파르바트 베이스캠프를 향해

일찍 잠이 깨 밖으로 나오니 벌써 사람들로 북적였다. 페어리메도우의 백미인 낭가파르바트 일출을 기다리는 것이다. 함께 온 일행들도 전망대 근처를 서성거렸다. 잠시 후, 빛은 어느새 낭가파르바트 꼭대기에 내려앉더니 시나브로 몸뚱이로 미끄러지며 온 세상에 퍼져 나갔다.

페어리메도우에서 낭가파르바트 베이스캠프(3967m)까지 가고 싶은 사람은 나와 안형뿐이었다. 나머지 일행들은 산에서 하루를 더 보내는 것이 부담스럽다며 근처를 산책하다 내려갈 것이라고 한다. 안형이 삐에와 헤어져 나와 동행하는 것이 좀 의아했지만, 어쨌든 아침을 든든히 먹고 출발했다.

숙소 오른쪽에 작은 동산을 넘으니 운동장같이 널찍한 초원이 나타났다. 그곳에서 아이들이 크리켓을 하고 있었다. 천연 잔디구장의 끝 지점에는 근사한 전나무숲이 우거졌고, 그 뒤로 웅장한 낭가파르바트 남면이 펼쳐져 있었다.

페어리메도우에서 한나절 걸리는 베알 캠프사이트.

희고 검은 빙하가 어우러진 라이코트 빙하.

그래 여기다! 가이드북이나 관광 엽서에 나온 페어리메도우 사진이 바로 이곳에서 찍은 것이었다.

잠시 어울려 크리켓을 하다가 전나무숲 지대로 들어섰다. 싱싱한 공기가 몸 깊숙이 스며들었다. 길은 숲으로 이어졌고, 왼쪽은 엄청난 벼랑이었다. 벼랑 아래에는 라이코트 빙하가 흘러가고 있었다. 검은 빙하는 위로 올라갈수록 흰 얼음 빙하로 바뀌었다.

정오 무렵에 베알(Beyal, 3500m)에 닿았고, 작은 가날로Ganalo 빙하를 건너야 나타나는 베이스캠프에는 오후 4시가 넘어서야 도착했다. 거의 탈진 직전이었다. 베이스캠프의 유일한 찻집에서 녹차를 마시며 겨우 한숨 돌렸다. 베이스캠프는 페어리메도우보다 더 넓은 고산초원이다. 맑은 물이 졸졸 흐르고, 곳곳에서 황금 마모트의 울음소리가 들렸다.

찻집 주인인 나이야 칸은 잔디에 비스듬히 누워 우리와 산을 번갈아 쳐다보았다. 그 모습이 너무나 편안해 보였다. 그는 이 낙원의 유일한 인간이었다. 어쩌다 나타나는 사람들에게 차를 파는 그 팔자가 몹시도 부러웠다. 칸이 일어나 천천히 기지개를 켜더니 내려가자고 한다. 어두워지면 빙하를 건너기 힘들다고. 찻집 문을 닫고 성큼성큼 내려가는 그의 꽁무니를 부지런히 쫓았다. 그의 발자국을 따라 빙하를 건너니 10분만에 건널 수 있었다. 매일 건너다니는 길이니 손바닥 보듯 훤한 것이다. 어둑어둑해질 무렵에야 베알 숙소로 돌아왔다. 저녁을 먹으며 아껴두었던 팩소주를 꺼내 피로를 풀었다. 안형은 생각보다 잘 걸었다.

다음날 아침, 이제 내려갈 일만 남았으니 마음이 편안했다. 낭가파르바트를 바라보며 식사 준비를 하고, 밥을 먹고, 코를 풀고, 이를 닦으며 웃었다. 낭가파르바트는 내가 이렇게 자신에게 눈을 떼지 못하는 걸 알고 있을까.

"불교 공부 좀 해보셨습니까?"

"깨달음에 대해 어떻게 생각하세요?"

안형이 뜬금없이 질문 세례를 퍼부었다. 그는 페어리메도우로 가는 길 내내 입을 쉬지 않았다. 나는 낭가파르바트와 조용하게 작별 인사를 나누고 싶었기에 그와 동행이 후회막급이었다. 그렇다고 이야기하는 사람의 입을 막을 수는 없는 노릇이었다.

"저는 벌침을 맞았습니다……"

그는 계속해서 자신이 '벌침'을 맞았다고 했다. '벌침'이란 돈오頓悟 즉, 깨달음을 얻었다는 말이었다.

"벌침을 맞으면 세상이 달라 보이고, 무언가 큰 변화가 생길 것 같지만 그렇지 않습니다. 물론 스님이 십 수 년 수행을 한다 해도 벌침 맞지 못할 수도 있고, 형편없는 부랑자가 어느 날 갑자기 깨달음을 얻을 수도 있는 것입니다……"

나는 그가 의심스러웠다. 진짜 깨달음을 얻은 사람인지, 아니면 허풍쟁이인지?

우리는 길기트로 돌아와서도 헤어지지 못했다. 나는 혼자 있고 싶었지만 이젠 각자의 길을 가자고 이야기하지 못했고, 그 역시 자신의 목적지로 가겠다고 말하지 않았다. 그래서 우리는 그냥 함께했다. 마치 오래된 친구처럼 같은 방을 쓰고, 함께 식사를 하고, 시내를 돌아다녔다. 그리고 훈자로 향하는 미니버스에 함께 올랐다.

낭가파르바트 베이스캠프 찻집.

페어리메도우 트레킹 정보

페어리메도우 코스는 여러 파키스탄 트레킹 중에서 가장 쉬워 배낭여행자들도 부담 없이 다녀올 수 있다. 낭가파르바트 남면의 웅장함과 라이코트 빙하, 요정의 숲인 페어리메도우 등 다양한 볼거리가 있다. 페어리메도우를 거쳐 낭가파르바트 베이스캠프 트레킹은 총 29km, 2박 3일 걸린다. 길은 쉽고 평탄해 가이드나 포터는 필요하지 않다. 산길을 걷는 것이 부담된다면 페어리메도우에서 하룻밤 자고 내려가는 1박 2일 코스를 추천한다.

페어리메도우 코스 일정

일정	코스	거리(km)	시간
1일	젤(2666m)→페어리메도우(3306m)	5.5	2/30
2일	페어리메도우→베이스캠프(3967m)→베알(3500m)	13	9
3일	베알~젤	10.5	4

교통
길기트 메인 버스정류장에서 칠라스행 미니버스를 타고 라이코트 브리지에서 내린다. 이 버스는 수시로 다니는데, 오전 시간은 7시, 8시, 9시경이다. 요금은 120루피. 라이코트 브리지 샹그릴라 호텔 앞에서 페어리메도우까지는 타토 마을 사람들이 운행하는 지프를 이용한다. 지프 1대당 왕복 3000루피.

숙소와 식당
페어리메도우에는 브로드 뷰, 라이코트 사라이 2개의 숙소 및 식당이 있다. 이곳에는 넓은 캠핑사이트가 있어 텐트가 있으면 캠핑을 하는 것도 좋다. 어느 곳을 이용하더라도 친절하고 전망이 끝내준다. 1박 300~500루피.

비용
길기트↔라이코트 브리지 왕복 220루피(미니버스). 라이코트 브리지↔젤 왕복 3000루피(지프). 페어리메도우 숙소 1박 2식 600루피, 베알 숙소 1박 2식 600루피. 총합은 4420루피(약 70720원). 계산은 1인 기준. 만약 지프를 여러 사람과 이용하면 경비를 줄일 수 있다.

일정별 가이드
1일 길기트→라이코트 브리지→젤(2666m)→페어리메도우(3306m)
젤에서 페어리메도우까지는 전나무와 삼나무가 우거진 아름다운 숲길이다. 라이코프 빙하

페어리메도우로 가는 지프가 출발하는 라이코트 다리.

와 5000m 치솟은 낭가파르바트 남면이 기막히게 보인다. 640m 오르고 2시간~2시간 30분 걸린다.

2일 페어리메도우→베알(3500m)→낭가파르바트 베이스캠프(3967m)→베알

페어리메도우에서 베알까지는 3시간 거리로 전나무숲과 맑은 개울이 흐르는 빼어난 길이다. 베알에서 숙소를 잡고 점심을 먹는다. 필요한 짐만 간단하게 챙겨 낭가파르바트 베이스캠프로 떠난다. 베알 숙소를 떠나면 제법 가파른 오르막이 나온다. 30분 오르면 시야가 트이면서 낭가파르바트와 라이코트의 얼음 빙하가 장관이다.

페어리메도우 브로드 뷰 게스트하우스의 주인장 형제.

베이스캠프로 가는 가장 난코스는 가날로Ganalo 빙하를 건너는 일이다. 길이 나 있어 끝 지점을 눈으로 확인하면서 조심스레 건너면 큰 어려움은 없다. 20~30분 걸린다. 빙하를 건너면 꽃동산이다. 꽃향기를 맡으며 30분 가면 찻집이 하나 보이고 드넓은 고산초원인 베이스캠프에 닿는다. 차를 한잔 마시며 충분한 시간을 보내고, 베알로 돌아온다. 고도는 467m 오르고 총 9시간 걸린다.

3일 베알→페어리메도우→길기트

베알에서 젤까지 완만한 하산길로 체력 부담이 없다. 천천히 숲과 빙하, 낭가파르바트를 즐기면서 내려온다. 젤까지 고도는 834m 내리고, 4시간 걸린다. 젤에서 예약한 지프로 라이코트 다리까지, 그리고 다리에서 미니버스를 타고 길기트로 돌아온다.

훈자

'바람계곡'의 나른한 유혹

배낭여행자의 천국

KKH는 길기트에서 본격적으로 시작한다고 해도 과언이 아니다. 길은 카라코람 산맥의 황량하고 날카로운 만년설 사이를 유유히 흐르는 훈자강을 역류하며 북쪽으로 이어진다. KKH를 하늘에서 바라보면 고산준령 사이에 놓여 있는 실오라기처럼 보일 것이다. 그 풍경 속으로 나와 안형을 태운 미니버스가 미끄러져 들어갔다.

안형은 훈자로 가는 버스를 타면서 현지인들과 포옹 인사를 나누며 형제애를 유감없이 나누었다. 문제는 그와 인사를 끝낸 현지인들은 일행인 나를 발견하고 다시 똑같은 인사를 나눈다는 점이다. 덕분에 현지들과의 포옹 인사가 익숙해져 버렸다.

길기트에서 훈자로 가는 대중교통은 대부분 미니버스다. 미니버스의 좌석에는 나름대로 규칙이 있다. 좌석번호가 정해진 건 아니지만 여성이나 노약자는 앞자리, 외국인은 앞자리나 중간자리, 현지 남자들은 거의 뒷자리다. 파키스탄 북부지역은 길이 험하기 때문에 앞자리가 뒷자리보다 훨씬 편하다. 그래서 여성들을 보호하고, 외국인 여행자를 배려하고자 이런 규칙이 정해진 것

훈자의 상징인 훈자성과 울타르 피크

이다.

　버스는 라카포시가 잘 보이는 휴게소에 멈췄다. 휴게소가 자리 잡은 곳을 '라카포시 뷰 포인트'라고 한다. 여기서 7788m 높이의 라카포시를 보려면 고개를 뒤로 꺾어야 한다. 휴게소에서 라카포시 정상까지 직선거리는 약 10km, 휴게소의 고도는 약 2000m, 따라서 라카포시는 10km 내외의 거리에서 무려 5700m 이상 치솟은 셈이다. 이것이 카라코람 산맥의 특징이다. 이렇게 짧은 거리 안에 하늘 무서운 줄 모르고 솟구친 산은 지구상에서 아마 유일할 것이다.

　카라코람은 동쪽에서 흘러온 히말라야 산맥이 소멸한 인더스강에서부터 북동진하는 산맥이다. 파키스탄 북부지역의 대부분을 차지하는 이곳에는 고봉과 빙하가 수두룩하다. 8000m가 넘는 봉우리는 4개로 히말라야보다 적지만 7000m가 넘는 봉우리는 무려 100개가 넘고 7500m가 넘는 봉우리만 해도 30개에 이른다. 이것은 히말라야보다 월등히 많고, 히말라야가 인도, 네팔, 중국, 파키스탄에 이르기까지 광대한 지역에 분포한 것에 비하면 경이로운 수치가 아닐 수 없다. 게다가 세계에서 내놓으라 하는 내륙 빙하 대부분이 파키스탄 북부지역에 자리 잡고 있다.

　훈자의 입구는 길기트에서 약 130km 떨어진 알리아바드. 이곳에서 스즈끼(작은 트럭을 사람이 탈 수 있게 개조한 교통수단. 일본 스즈끼 회사의 제품이라 그냥 스즈끼로 통한다)로 바꿔 타고 산비탈을 5분 정도 올라야 훈자 마을이 나온다. 스즈끼는 시야를 가리는 좌석에 앉지 말고, 뒷난간에 서서 시원한 바람을 맞으며 가는 것이 제맛이다. 살구나무 사이로 보이는 발티트성과 그 너머 신기루처럼 솟아난 울타르피크를 보고 있으면 마치 제임스 힐튼의 『잃어버린 지평선』에 나오는 샹그릴라를 찾아가는 기분이다.

훈자성을 방문한 무슬림 여성들.

훈자 카리마바드에서 본 라카포시(왼쪽)와 훈자강 일대.

이 소설에서 샹그릴라는 '사방이 계곡으로 막혀 있으나 산 정상에서 흐르는 물줄기와 그늘이 지지 않아 따뜻한 훈풍이 부는 곳', '세월이 지나도 늙지 않는 시간이 멈춘 곳이며 불안한 영혼을 치유하는 완벽한 파라다이스'로 묘사되어 있다. 실제로 울타르 빙하가 수로를 따라 마을로 흘러드는 훈자는 상당 부분 샹그릴라와 비슷하다.

세계적인 장수촌으로 알려진 훈자는 옛 훈자왕국 또는 훈자계곡을 줄여서 부르는 말이다. 훈자에는 카리마바드(발티트), 알티트, 듀이가르, 가네쉬 등 여러 마을이 있지만 대개 훈자하면 카리마바드를 가리킨다. 배낭여행자 숙소가 몰려 있는 제로포인트에 내리자 마을의 나른한 분위기가 느껴진다. 버스정류장 앞에서 의자를 놓고 한가롭게 앉아 있는 노인들과 바람에 천천히 흔들리는 미루나무의 풍경 때문인지.

"할아버지~"

갑자기 뒤에서 반가운 한국말이 들려왔다. 그 주인공은 뜻밖에도 훈자의 어느 할아버지였다. 그는 계속해서 "룸, 룸……" 하면서 손짓으로 따라오라고 했다. 이 할아버지가 배낭여행자 숙소 '하이데르 인'의 주인장이다. 그는 한국 여행자들에게 할아버지로 통했고, 버스정류장에서 동양인들을 보면 "할아버지!"하며 호객행위를 했던 것이다. 우리는 흔쾌히 할아버지 뒤를 따랐다. 운 좋게 전망 좋은 방을 잡을 수 있었다. 방 앞 발코니에서 훈자강 일대와 카라포시와 디란이 기막히게 펼쳐졌다. '그래 이거야!' 나는 속으로 쾌재를 불렀다.

가격은 트윈룸이 불과 200루피(약 3200원). 훈자는 소문처럼 물가가 싸고, 주민들은 친절하며 무엇보다 풍경이 빼어났다. 그야말로 배낭여행자들이 선호하는 조건을 두루 갖춘 셈이다. 과연 여행자의 천국이라는 명성은 헛된 것이 아니었다.

안형의 비밀

"마을 구경이나 가시지요."

가방을 내려놓기 무섭게 안형이 걸음을 재촉했다. 그도 나처럼 마을이 궁금했던 모양이다. 숙소를 나와 완만한 오르막길을 오르자 멀리 발티트성이 보였고, 그 아래로 훈자 사람들의 집들이 옹기종기 모여 있었다. 햇볕은 뜨거웠지만 공기는 선선했다. 훈자 마을의 평균 고도는 약 2500m, 고산 날씨 덕분에 파키스탄의 살인적인 여름철에도 그다지 덥지 않았다.

길 양편으로는 수공예품을 파는 가게가 많았고, 찻집, 가게, 식당, 등산장비점 등이 늘어서 있었다. 이어지는 갈림길에서 오른쪽을 따르면 돌로 포장된 가파른 길이 나온다. 길 옆에는 수로를 따라 흙탕물이 콸콸 내려가고 있는데, 이것이 그 유명한 '훈자워터'다. 훈자워터는 훈자의 뒷산인 울타르 빙하가 녹

훈자에서 본 설산 디란과 나가르 마을.

훈자성의 옆 마을에 가면 훈자성과 설산이 어우러진 멋진 풍경을 만날 수 있다.

은 물인데, 몸에 좋은 철분과 영양소가 듬뿍 들어 있다고 한다.

도로가 끝나는 지점의 언덕에서 발티트성이 미루나무와 살구나무 가득한 아름다운 마을을 굽어보고 있었다. 성은 웅장한 티베트 양식이라 이국적이고 뒷산인 울타르피크(7388m)와 어울려 더욱 신비롭게 보였다. 1974년까지 훈자왕국의 왕이 이곳에서 살며 훈자를 다스렸다고 한다. 불과 35여 년 전의 일이다.

훈자 사람들은 기원전 이란에서 이곳으로 이주했다. 험준한 카라코람 골짜기에 왕국을 세운 그들은 농사를 주업으로 삼은 한편, 실크로드를 지나는 대상에게 먹을 것과 숙소를 제공하는 대가로 가끔 강제로 세금을 징수하며 살았다고 한다. 그런가 하면 알렉산더 대왕의 동정 군대에서 탈주한 세 사람의 군인이 페르시아인의 아내를 데리고 이 골짜기로 들어와서 지상 낙원을 가꾸었다는 설도 있다.

숙소 오른쪽에는 커다란 계단식 수로가 있었고, 그 옆으로 화단을 가꾸어 놓았다. 이처럼 훈자 사람들은 집집마다 수로 옆에 예쁜 꽃밭 하나씩을 가꾸는 여유를 잊지 않았다. 꽃을 좋아하는 심성이 고운 사람들이다. 이곳 계단식 수로에서는 앞쪽으로 훈자강 일대와 라카포시가 시원하게 펼쳐지고, 뒤를 돌아보면 설산 울타르피크 아래 왕관처럼 놓여 있는 발티트성이 기막히게 보였다. 나는 이곳을 아지트로 삼았고, 특히 저물 무렵에 수로에 앉아 시나브로 사라지는 노을과 어두워지는 마을의 분위기를 만끽했다.

그날 밤, 바람은 시원했고 달빛이 교교하게 비춰들었다. 배낭 깊숙이 감춰둔 팩소주를 하나 꺼내 안형과 훈자에 입성한 기념주를 나누었다.

"사실 저는 한국에서 잘 나가던 엔지니어였어요. 한국과 미국을 오가며 열심히 일했는데……"

유난히 밝은 달빛 때문인지, 술기운을 빌렸는지 그가 속내를 털어놨다. 자세한 내막은 알 수 없었지만, 그는 부인과 아이가 있는 가정에서 홀로 떨어져 나왔다. 그 충격으로 1년여 세월을 벙어리처럼 지냈다고 한다. 그러다가 조금씩 마음의 짐을 내려놨고, 문득 '별침'을 맞았다는 것이었다.

"아이가 보고 싶지 않으세요?"

"이제는 제 아이만 예쁜 게 아니더라고요. 모든 아이가 다 내 자식 같아요."

그는 모든 것을 버린 사람 같았다. 지금은 그저 바람처럼 떠돈다고 했다. 그날 밤, 우리는 적은 술과 깊은 달빛에 꽤 많이 취했다.

다음날, 안형이 뜻밖에 작별을 고했다. 그는 훈자에서 2시간 떨어진 파수로 간다고 했다. 이전에 동행했던 프랑스 대학생 삐에가 파수에 머물고 있을 거라며 그가 보고 싶다고 했다. 우리는 그렇게 헤어졌다. 이제 좀 그를 이해할 수 있겠다 싶었는데…… 혼자 있으면 호젓하고 좋을 줄 알았다. 막상 혼자가 되니 쓸쓸해지다 점점 우울해졌다.

배낭여행자 숙소 세 곳

혼자 며칠을 묵으며 이곳의 유명한 배낭여행자 숙소 세 군데를 모두 둘러봤다. 그리고 재미있는 사실을 발견했다. 그것은 숙소마다 묵는 사람들이 정해져 있다는 점이다. 올드 훈자 인Old Hunza Inn은 서양인들이, 하이데르 인Haider Inn은 한국인들이, 쿄쇼 산 인Khousho sun Inn은 일본인들이 점령하고 있었다.

"한국인이신가 봐요?" 길에서 우연히 만나 안면을 튼 강씨는 알고 보니 훈자 마니아였다. 매년 여름 훈자를 찾은 지도 9년이 흘렀다고 한다. 강씨가 머물던 숙소인 올드 훈자 인을 찾아갔을 때, 방 안에서는 한국 노래가 흘러나왔다. 그는 '훈자 와인'으로 불리는 술을 내밀었다. 무슬림 국가인 파키스탄은 술을 엄격하게 금지했지만, 그들과 인종과 문화가 다른 훈자 사람들은 멀베리 열매로 술을 담가 먹었다. 그는 훈자에 한국인을 위한 도서관을 만드는 것이 꿈이라고 했다. 그래서 매년 많은 분량의 책을 가져온다고……

술이 불콰하게 달아오르고 '햇빛 쏟는 거리에서 웃자 웃자……' 하는 '젊은 태양'이란 노래가 흘러나오자 순간 시공간을 초월해 종로의 어느 선술집에 들어와 있는 듯한 착각이 들 무렵, 벌컥 방문이 열렸다. 그리고 그의 룸메이트인 늙수그레한 미국인이 들어왔다. 그와 간단하게 인사를 나누고 서둘러 술자리를 파했다. 나중에 알고 보니 그 미국인은 10년 넘게 세계를 떠도는 중이라고 했다. 올드 훈자 인은 그 이름처럼 사연 많은 훈자 마니아들이 머무르고 있었다. 아마도 강씨나 미국인이 이야기보따리를 풀어놓으면 책 몇 권 분량은 나올지도 모른다.

  하이데르 인은 방 앞으로 널찍한 베란다가 있고, 그 앞으로 훈자강 일대와 카라코람 산맥의 설산들이 기막히게 보였다. 묵은 빨래를 해 베란다에 널고, 침대에 누워 햇살과 바람에 흔들리는 빨래를 바라보는 기분이란! 이곳의 조망은 산 좋아하는 나에게는 그야말로 축복이었다. 덕분에 아침에 눈을 뜨자마자, 밤중에 잠들기 전, 양치질을 하면서, 그야말로 시도 때도 없이 라카포시, 디란, 훈자강과 눈을 맞추었다. 아마도 라카포시 역시 내가 자신을 흠모하고 있다는 걸 눈치 챘을 것이다.

  베란다는 한국인들이 집결하는 장소였다. 식사 후에는 대부분 이곳에 모여 수다를 떨었고, 새로운 여행자가 오는 날이면 술판도 종종 벌어졌다. 향수병에 걸린 어떤 여행자는 양배추 김치를 담가 사람들에게 돌리기도 했다.

  훈자에는 유독 일본 여행자들이 많다. 이곳이 미야자키 하야오의 만화영화 〈바람계곡의 나우시카〉의 고향이기 때문이다. 미야자키 하야오는 일본의 유명한 만화영화 감독으로 우리나라에서는 〈미래소년 코난〉으로 널리 알려졌다.

  70년대 후반 미야자키 하야오는 막 개통된 중국과 파키스탄 북부지역을 잇는 카라코람하이웨이를 건너 훈자에 도착했다. 당시는 훈자가 외부에 알려지기 전으로 미야자키 하야오가 훈자의 아름다운 풍경에 얼마나 감격했을지 눈에 선하다. 그는 마을과 산으로 정처 없이 떠돌며 스케치를 하고 만화영화의

훈자의 수호신인 울타르 피크

울타르메도우 가는 길에 본 울타르 피크와 훈자의 젖줄인 수로.

줄거리를 생각했다. 그리고 탄생한 것이 유명한 〈바람계곡의 나우시카〉다. 실제 만화영화의 배경인 바람계곡은 훈자계곡과 상당히 닮아 있고, 등장인물 역시 훈자 사람들과 비슷하다.

나는 하이데르 인에 묵으면서 밥은 코쇼 산 인에서 주로 먹었다. 게스트하우스 세 곳 모두 전용 식당을 가지고 있었지만, 음식 맛은 코쇼 산 인이 가장 좋았다. 코쇼 산 인의 주인은 본래 올드 훈자 인의 주방장이었다. 그는 뛰어난 요리 실력으로 외국인들에게 인기가 좋았고, 그러다 어느 일본인 여행자와 동업을 하게 되었다. 그래서 일본인이 자금을 투자해 당시 새로운 게스트하우스인 교쇼 산 인을 열게 된 것이다. 그러니 음식 맛이 좋을 수밖에.

"훈자워터 아차 해!"

이글네스트는 듀이가르 마을에 있는 전망 좋은 언덕 이름이다. 언덕에 독수리 모양의 바위들이 많아 그런 이름이 붙었다. 듀이가르는 훈자에서 가장 높은 마을이고, 이글네스트 아래에는 이글네스트 호텔이 있다. 그래서 여행자들은 이곳에 하루 머물며 일몰과 일출을 감상하곤 한다.

이글네스트에서 산길을 따르면 울타르메도우로 이어진다. 울타르메도우는 3270m 높이의 초원지대로 울타르피크와 훈자워터의 근원인 울타르 빙하가 기막히게 보이는 곳이다. 그래서 이글네스트와 울타르메도우를 연결하면 절벽을 깎아 만든 훈자 수로와 카라코람 산맥의 기막힌 풍경을 만날 수 있는 1박 2일의 황홀한 산길 걷기가 된다.

배낭여행자 숙소가 많은 카리마바드 제로포인트에서 15분 정도 오르면 오른쪽으로 보일 듯 말 듯 한 비포장도로가 갈라진다. 이 길을 따르다 모퉁이를 돌면 갑자기 시야가 트이면서 알티트 마을이 시원하게 펼쳐진다. 마을은 쭉쭉 뻗은 미루나무과 다랑이밭, 그 뒤로 카라코람 설산들이 펼쳐져 그야말로 한 폭의 그림이다. 길에서 만난 아이들, 청년들, 아주머니들은 하나같이 인물이 좋았다. 알티트 사람들은 카리마바드 사람들과 생김새가 약간 다른데, 인상이 부드럽고 심성이 곱다.

운동장이 넓은 알티트 학교를 지나면 알티트성이 나타난다. 이 성은 훈자강의 벼랑을 뒤로하고 마을과 훈자강 일대를 굽어보고 있었다. 규모는 발티트성보다 작았지만, 마을의 집들과 어울려 독특한 아름다움과 위엄을 갖추고 있었다. 마침 공사 중이라 성 밖을 한 바퀴 둘러보는데 만족해야 했다.

듀이가르 입구의 나무 그늘은 알티트 마을의 노인정이다. 나이 지긋한 할아버지들이 바람을 쐬며 이야기를 나누고 있었다. 그 중 가장 고령자는 80세의 하만디 할아버지였다. 연세가 더 드신 분이 있느냐고 물어보니 카리마바드에 84세 할아버지가 한 명 있다고 한다. 이것이 장수마을 훈자의 현재 모습이다. 카라코람 하이웨이가 뚫리기 전인 1970년대 초까지 평균 100세 이상의 장수를 누려온 훈자의 신화는 사라졌다.

벤치 뒤의 수로에서는 폭포처럼 훈자워터가 콸콸 쏟아졌다. 한 아이가 컵으로 물을 떠 벌컥벌컥 마시더니, 물통에 담아 올라간다. 할아버지에게 물맛이 어떠냐고 물었다.

"훈자워터 아차 해!"(훈자워터는 몸에 좋아요!)

훈자 사람들에게 훈자워터에 대해 물으면 남녀노소를 가리지 않고 같은 대답이 들려온다. 훈자 사람들은 자신들의 장수 비결이 훈자워터에 있다고 철석같이 믿는다. 몸에 좋은 철분과 영양소가 듬뿍 들어 있다는 것이다. 실제로 세계의 장수학자들이 이 물을 조사했지만 훈자인들이 믿고 있을 만큼의 영양 성분은 없었다고 한다.

알티트 마을의 귀여운 꼬마.

카라코람 최고의 전망대, 이글네스트

듀이가르 마을은 자줏빛이었다. 밭두렁마다 자주 감자꽃이 활짝 피었다. 노인정을 떠난 지 1시간 30분 만에 이글네스트 호텔에 도착, 짐을 풀었다. 호텔은 생각보다 시설이 훌륭했다. 저물 무렵, 이글네스트에 오르자 설산들이 펼쳐진다. 설산은 신기하게도 아침저녁으로 구름옷을 벗어 눈부신 알몸을 보여준다. 아침저녁은 신과 설산, 인간의 영혼이 소통하는 신성한 시간이다.

이글네스트는 카라코람의 특급 전망대다. 카라코람의 7000m가 넘는 명봉들인 라카포시―디란―하라모시―스판틱(골덴피크)이 한 줄기로 흘러가는 모습은 장관 중의 장관이다. 뒤로는 울타르피크와 위성봉인 레이디핑거(부불리모틴)가 화강암 송곳니를 드러내고 있다.

알티트 마을의 여학생.

알티트 마을 유치원 아이들.

수염이 일품인 훈자성 보안요원.

훈자의 건강한 할아버지.

훈자의 양치기 할아버지.

훈자에서 가장 전망이 좋은 듀이가르 마을의 이글네스트 언덕.

    보통 히말라야의 전망대를 이야기할 때, 안나푸르나의 푼힐 언덕을 언급한다. 푼힐의 전망이 웅장하다면 이곳은 역동적이다. 두 곳을 비교한다면 이글네스트에 더 후한 점수를 주겠다. 접근하기 쉽고, 봉우리들이 빚어내는 조화가 한 수 높기 때문이다. 호텔 앞 정원에서 올려다본 밤하늘은 별들이 빽빽하

다. 아래를 내려다보니, 훈자 마을의 불빛이 별빛 같다. 인간 마을의 별과 하늘의 별, 어느 것이 더 아름다울까? 그렇게 한참을 서성이다 잠자리에 들었다.

쿵쿵! 방문을 두드리는 호텔 직원의 모닝콜에 잠을 깼다. 이글네스트 일출을 보라는 호텔 측의 배려다. 다시 이글네스트에 오르니 몇 사람이 담요를 뒤집어쓰고 기다리고 있었다. 해는 가장 먼저 어디를 비출까? 예상대로 빛은 가장 먼저 라카포시의 꼭대기를 물들이고 서서히 훈자 전역으로 퍼져 나갔다. 그래 바로 이 빛이다! 한국에서 여행 준비를 하면서 불안하고 전전긍긍하던 나에게 '괜찮아, 다 잘 될 거야!'하며 환한 빛을 보내준 것이.

아침을 먹고 호텔 사장인 알리와 작별 인사를 고했다. 울타르메도우로 간다고 하니, 그는 길이 위험하다며 직원 노르딘을 붙여줬다. 잘 생기고 건강한 청년 노르딘과 함께 걸으니 마음이 든든했다. 길은 호텔 앞의 스카이캠핑장 뒤편으로 이어졌다. 절벽을 따라 아슬아슬하게 이어진 길은 묘하게 아래로 조금씩 조금씩 내려간다. 아마도 초행이면 길 찾기가 쉽지 않았을 것이다.

뒤를 돌아보니 호텔 건물 너머로 스판틱 봉우리가 마치 이글네스트의 수호

신처럼 버티고 서 있었다. 참으로 기막힌 곳에 자리 잡은 호텔이다. 나이 먹으면 저런 호텔의 주인장 노릇을 하는 것도 괜찮겠다 싶다. 마음에 드는 손님이 있으면 그의 눈을 가렸다가 전망 좋은 곳에서 눈가리개를 풀어준다. 그는 깜짝 놀라겠지. 생각만 해도 즐겁다.

나무 그늘에서 잠시 쉬었다가 길을 따르니 뜻밖에도 수로를 만났다. 수로를 따라 난 길은 평지처럼 순하다. 노르딘은 이 수로가 울타르 빙하에서 내려오는 물이라고 했다. 다시 걸음을 재촉하다가 입이 쩍 벌어졌다. 앞에는 울타르 계곡의 위용과 거대한 절벽을 깎아 만든 수로가 펼쳐졌다.

멀리 눈부신 만년설 울타르피크 아래 빙하에서 계곡을 따라 내려온 물이 거대한 폭포처럼 쏟아지고 있었다. 계곡 하단에는 물을 가두는 거대한 공간이 있었고, 이곳에서 일부 계곡물은 수로를 따라 양옆으로 흘러갔다. 내가 걸어온 방향의 수로는 듀이가르와 알티트로 흘러가고, 건너편 수로는 카리마바드로 내려간다. 놀라운 것은 건너편 수로가 거대한 절벽의 중간 지점을 깊숙이 깎아서 만들었다는 것이다. 그야말로 훈자의 지혜와 노동력이 총집결한 대역사가 아닐 수 없다. 순간 "훈자워터 아차 해!"하며 웃던 훈자 사람들이 떠올랐다. 훈자 사람들이 훈자워터에 대한 애정이 깊을 수밖에 없는 이유를 이제야 알겠다.

수로를 따라 울타르메도우로

훈자의 관개수로 공사를 이끌어 낸 지도자가 10세기 이후 훈자 왕가의 현군으로 불리는 나짐 카아한이다. 훈자 사람들은 빙하 퇴적지의 척박한 산비탈에서는 농사지을 도리가 없다는 것을 알고서 나짐이 고안한 방식에 따라 바위투성이 산비탈을 계단식으로 깎아냈다. 그리고 물이 새지 않도록 2~3m 높이 방

울타르 빙하가 잘 보이는 울타르메도우. 왼쪽 뾰족한 봉우리가 레이디핑거다.

벽을 쌓아 훈자강 주변에 퇴적된 흙을 져 올려 그 속에 부었다. 그렇게 훈자인들은 수십 년을 노역하여 10세기경에 비옥한 다랑이 밭을 카라코람의 가파른 산비탈에 만들어낸 것이다. 그리고 마지막으로 울타르피크의 해발 3000~5000m 지대에서 흘러내리는 빙하물을 경작지로 끌어들이는 관개수로 개설의 대역사를 완성하였다.

울타르피크에 쌓인 만년설과 빙하가 녹은 물이 수직의 절벽을 깎아 만든 고랑을 타고서 마을로 흘러드는 광경이야말로 훈자의 새로운 역사를 보여주는 감동적인 풍경이다. 덕분에 실크로드의 대상들에게 공포의 대상이었던 산악 부족인 훈자족이 온순한 농경족으로 변했고, 황량한 마을이 미루나무와 살구나무가 우거진 아름다운 풍경으로 바뀔 수 있었던 것이다.

노르딘을 따라 거친 계곡을 건너니 길은 울타르메도우로 이어진다. 캠핑장을 알리는 간판을 따라 오르다 수로 공사를 하는 사람들을 만났다. 훈자의 수로 관리인들이 망가진 수로를 보수하고 관리하는 것이다. 이곳에서 1시간 더 오르니, 갑자기 드넓은 공간이 펼쳐지면서 울타르메도우가 나타났다. 거대한 화강암 덩어리인 레이디핑거와 설산 울타르피크가 기막히게 조화를 이루고 있었다. 울타르 빙하는 예상외로 시커먼 덩어리였다. 순간, 천지를 울리는 쾅! 소리가 들리더니, 울타르피크에서 눈사태가 일어났다. 노르딘이 갑자기 몸을 숙이기에 겁이 덜컥 났다. 하지만 눈사태가 여기까지 내려오지는 않았다.

노르딘은 내 손을 잡고 이끌었다. 그가 날 데리고 간 곳은 일본인 산악인 하세가와 호시노의 무덤이었다. 하세가와는 우리나라에도 제법 알려진 산꾼으로 세계 최초로 알프스 3대 북벽(아이거, 마터호른, 그랑죠라드 북벽)을 동계에 단독으로 등반한 강자다. 이 등반을 통해 세계적 등반가로 이름을 굳힌 하세가와는 '불사조'라는 별명을 갖고 있었다. 여러 차례 목숨을 건 극한의 등반

눈사태가 일어난 울타르피크.

에 나서 예상을 뒤엎고 항상 웃는 얼굴로 되돌아왔기 때문이다.

　1991년 10월 10일, 울타르피크에서 거대한 눈사태가 발생했다. 이 눈사태는 울타르피크 세계 초등에 도전한 일본 등반대의 캠프를 덮쳤다. 그 캠프에는 하세가와가 날씨가 호전되기를 기다리고 있었다. 베이스캠프까지 약 1200m나 추락한 하세가와 주검 부근에서 빨간 수통 하나가 찌그러진 채 발견되었다. 하세가와 소유의 그 수통에는 뜻밖에도 물이 아닌 위스키가 들어 있었다.

훈자 전통춤을 추는 마을 사람들.

하세가와의 부인인 미사미는 일본에서 남편의 부음을 듣고 곧바로 훈자로 달려왔다. 그녀는 넝마처럼 해진 남편의 주검 앞에서 눈물을 보이지 않았. 그 대신 인부들이 지고 온 수십 병의 위스키를 따서 모두 남편의 시신 위에 뿌렸다고 전해진다.

미망인 미사미는 남편이 살고 싶다던 훈자를 자주 찾았고, 카리마바드에 시설 좋은 학교를 세웠다. 학교 이름은 하세가와 중학교. 하세가와의 도전 정신도 훌륭하지만, 그 부인의 마음씨가 넉넉해서 좋다. 무덤 앞에서 울타르피크는 더욱 눈부시고 높아 보였다.

훈자에서의 시간은 거북이처럼 느릿하다. 하지만 날짜는 토끼처럼 후딱 지나가 버린다. 그래서 떠나야 할 때 떠나지 못하고 마냥 죽치는 여행자가 많다. 처음에는 그런 사람들을 이해할 수 없었다. 그런데 훈자에서 며칠 지내니 나도 그들과 비슷한 길을 가고 말았다. 아무래도 훈자는 여행자의 의욕을 야금야금 갉아먹으면서 자신에 품에 머무르게 하는 무언가가 있는가 보다.

장수촌 훈자의 보물

살구와 훈자워터

훈자 사람들은 카라코람 하이웨이가 뚫리기 전인 1970년대 초까지 평균 100세 이상의 장수를 누려왔다. 그런데 카라코람 하이웨이가 개통되어 훈자에 관광객들이 늘어나면서 변화가 생기기 시작한다. 1980년대를 전후하여 이곳 주민들의 평균 수명은 100세에서 90세 이하로 곤두박질 친 것이다. 그리하여 2008년에는 평균 수명이 80세 이하를 맴도는 평범한 마을이 되었다. 아이러니하게도 훈자가 장수마을로 널리 알려지면서 정작 훈자 사람들은 장수와 거리가 멀어지게 된 것이다.

훈자를 찾은 장수학자들은 그들의 장수 비결을 식생활에서 찾고 있다. 돈과 권력을 쥐기 위한 스트레스가 없고, 균형 잡힌 소박한 밥상이 불가사의할 정도의 장수 효과를 가져왔다는 것이다.

하루에 두 끼로 소식하는 이들은 밀, 보리, 메밀, 수수 등의 곡물을 주식으로 삼는다. 곡물은 짜파티라는 빵을 만들어서 채소, 감자, 대두콩, 완두콩, 버터 밀크, 치즈, 라시 또는 요구르트 등과 함께 먹는 것이 보통이다. 그리고 포도, 살구, 오디 등의 생과일이나 건과를 간식으로 삼으며 가끔이지만 약간의 고기를 즐긴다.

살구꽃 피는 봄이면 훈자의 황량한 겨울 풍경은 단숨에 샹그릴라로 바뀐다. 그리고 가을이면 열매를 맺어 훈자 사람들의 창고로 들어간다. 살구나무는 훈자 사람의 장수를 위해 하늘이 주신 선물이라 해도 과언이 아니다. 훈자 사람들은 대개 살구를 말려서 먹는다. 그래서 열매를 맛나게 먹는 우리들을 가끔은 의아하게 보기도 한다.

훈자 사람들에게 열매보다 중요한 것이 살구씨다. 이것을 짜서 만든 살구씨기름을 모든 요리에 사용한다. 젖소와 산양의 숫자가 인구에 비

살구를 말리는 훈자의 농가.

장수 마을인 훈자의 건강한 노인들.

해 턱없이 모자라기 때문에 이들의 식생활에서는 지방질이 항상 부족했다. 그 지방질 결핍을 보충하는 방법을 살구나무에서 찾은 것이다. 살구씨기름에는 복합 불포화지방산이 많이 들어 있다. 이 살구씨 지방산은 심장병과 위장병에 특효가 있다고 한다.

살구씨기름은 요리 재료와 약으로 쓰일 뿐 아니라 훈자 여인의 젊음과 아름다움을 지켜주는 화장품 구실도 한다. 여자들은 틈만 나면 살구씨기름을 발라 피부에 탄력을 주며, 이것으로 머리카락의 윤기를 젊은 시절 그대로 유지하게 한다. 여기서 힌트를 얻어 1960년대부터 미국에서는 살구 화장품을 개발했고, 우리나라에서도 살구 비누를 만들어냈다.

한 가지 안타까운 점은 훈자 사람들의 긍지가 담긴 훈자워터가 여행자들의 몸에는 잘 안 맞는다는 점이다. 물론 훈자워터를 마셔도 아무렇지도 않은 여행자들도 있다. 하지만 많은 여행자들이 훈자워터에 거부 반응을 보인다. 나는 어떨까? 호기롭게 훈자워터를 벌컥벌컥 마셔봤지만, 더부룩한 배를 쓸어내리며 화장실을 가야 했다.

훈자와 울타르메도우 트레킹 정보

훈자는 카라코람 하이웨이를 대표하는 아름다운 마을이다. 물가가 싸고 주민들이 친절해 배낭여행자의 천국으로 통한다. 실제로 훈자에는 사계절 많은 여행자들이 머물고 있어 그들이 주민의 한 축을 차지하고 있다. 훈자에서는 카라코람 전망대 이글네스트와 울타르메도우 트레킹을 권하고 싶다. 또한 발티트성과 알티트 마을 둘러보기도 필수사항이다.

교통

훈자는 길기트에서 약 135km 떨어져 있다. 길기트 버스정류장에서 미니버스를 타고 알리아바드에서 내린다. 시간은 2~3시간 걸린다. 요금 150루피. 알리아바드에서 스즈끼를 타고 10분 오르면 카리마바드가 나온다. 요금 15루피.

숙소

배낭여행자 숙소는 제로포인트에 몰려 있다. 올드 훈자 인Old Hunza Inn, 하이데르 인Haider Inn, 쿄쇼 산 인Khousho sun Inn이 좋다. 1박 트윈룸 200루피, 도미토리 100루피. 중고급 호텔은 월드루프 호텔이 좋다. 트윈룸 800~1000루피. 듀이가르 마을의 전망대인 이글네스트 아래에는 이글네스트 호텔이 있다. 전망과 시설이 좋은 곳이다. 트윈룸 1000~3000루피.

훈자 인의 주인장.

하이데르 인의 할아버지.

이글네스트 오르기

이글네스트는 지프를 타고 오를 수 있지만 알티트 마을을 거쳐 걸어가는 것이 좋다. 알티트 마을에서는 알티트성을 구경한다. 알티트성은 훈자강 절벽에 자리 잡은 고성으로 최근 보수공사를 끝내 말끔하게 단장했다. 발티트성이 웅장하다면 이곳은 마을과 어울려 아기자기하다. 가이드 포함 1인 입장료 100루피.
알티트 노인들이 모여 있는 삼거리에서 이글네스트로 오르는 비탈길이 시작된다. 여기서

음식이 맛있는 쿄쇼산 인의 주인장.

전망 좋은 이글네스트 호텔.

전망 좋은 배낭여행자 숙소 하이데르 인.

레이디핑거 캠핑장

이글네스트 호텔까지 1시간 20분 거리다. 중간중간 감자밭을 거느린 집들이 평화롭고 전망이 뛰어나다. 이글네스트 호텔 위의 언덕이 이글네스트 인데 호텔에서 5분 거리다.

울타르메도우 트레킹

울타르메도우 코스는 훈자의 수호신인 울타르피크의 심장부에 이르는 쉽고 아름다운 길이다. 거대한 벼랑을 깎아 만든 훈자 수로의 비밀을 볼 수 있고, 부블리 모틴(레이디핑거)과 울타르피크의 웅장한 모습이 장관이다.

당일 트레킹의 경우는 총 6.2km, 770m 오르고, 5시간 걸린다. 1박 2일로 일정을 잡으면 울타르메도우의 레이디핑거 야영장에서 하룻밤을 보내고 내려온다. 또한 이글네스트 호텔에서 하룻밤을 자고 울타르메도우로 오를 수 있다. 단, 길을 잃으면 위험하므로 호텔에서 가이드를 고용한다.

가이드 비용은 500~600루피.

숙소와 식당

이글네스트에서는 이글네스트 호텔, 울타르메도우에는 레이디핑거 야영장을 이용한다. 야영장에는 텐트와 침낭이 구비되어 있어 캠핑 장비가 필요 없다. 1박 400~500루피.

이글네스트~울타르메도우 코스 일정

일정	코스	거리(km)	시간
1일	카리마바드(2500m)~알티트~이글네스트(3000m)	4	3
2일	이글네스트~울타르메도우(3270m)~카리마바드	6	6

파수

거칠고 황량한 땅에서 만난 순수함

두트 다리에서 만난 압달라 가족

훈자를 떠나면서 잠시 망설였다. 어디로 가야 하는지? 나는 왜 떠나는지? 훈자가 내 집처럼 생각되어 그랬는지…… 하지만 미니버스 차창 밖으로 펼쳐지는 풍경을 보면서 떠나길 잘 했다고 생각했다. 여행자에게 휴식을 넘어선 시간은 죄악이다. 또 다른 미지의 세계가 나를 기다리지 않는가?

훈자를 떠나면 굴미트, 후싸이니, 파수를 차례대로 만난다. 파수가 목적지였지만 후싸이니에서 내렸다. 이 마을 앞에 놓인 두트 다리를 구경하기 위해서다. 파수 일대에는 모두 3개의 일명 서스펜션 브리지가 있지만, 그 중 후싸이니의 두트 다리가 가장 유명하다. 이곳의 유명세는 예전 론리 플래닛 파키스탄 책자의 표지로 등장하며 시작됐다.

마을에서 강으로 내려서니 탁하고 거친 훈자강에 어설프게 걸린 다리가 안쓰러워 보이는데, 강 북쪽으로 악마의 뿔처럼 솟구친 투포단(파수피크, 6000m)의 침봉들이 하늘을 찌르고 있다. 가히 산과 강의 기운에 다리는 금방이라도 산산조각날 것만 같다. 하지만 아무리 바람이 거세게 불어도 다리는 까딱없다.

후싸이니 마을 앞의 두트 다리.

막상 다리를 건너려 하니 오금이 저린다. 다리의 뼈대는 굵은 와이어로 만들었지만 발판은 나무로 얼기설기 엮어 불안하기 짝이 없었다. 게다가 다리 옆에는 예전에 사용한 다리가 폭격을 맞은 것처럼 부서져 있었다. 주춤주춤하고 있는데 뒤에서 인기척이 들린다. 꼬마 둘을 데리고 아주머니가 서 있다. 아주머니는 꼬마 하나를 업고 아무 망설임 없이 다리를 건넌다. '에라 모르겠다' 무조건 그들의 뒤를 따랐다. 다리 중간쯤에 이르자 바람이 거세지면서 다리가 크게 출렁거렸다.

언덕에서 내려다본 두트 다리.

"이봐요~ 같이 가요!"

나도 모르게 큰소리를 질렀다. 그러자 아이 하나가 다리를 건너다 말고 나에게 다가온다. 아이를 따라 천천히 발길을 뗀다. 그런데 다리는 생각보다 길었다. 어느 순간, 허공을 걷는 느낌이 들면서 기분이 날아갈 것 같았다. 건너편에 이르니 아이 엄마가 빙그레 웃는다. 얼떨결에 그들과 동행이 되었다. 그녀는 후싸이니에 사는데, 밭에서 일하는 남편의 밥을 가져가는 길이라고 한다. 밭은 다리 건너 샤르 밧이란 곳에 있었다.

다리를 건너면 벼랑을 깎아 만든 길이 이어진다. 30분쯤 걸었을까, 미루나무들이 흔들리고 맑은 개울이 흐르는 샤르 밧이 나왔다. 신기하게도 주변은 온통 황량한데, 이곳만 푸른색을 띠는 초지가 있었다. 뒤를 돌아보니 파수의 상징 투포단, 굴미트 피크, 파수 빙하 등이 파노라마처럼 펼쳐졌다.

남편의 이름은 압달라. 그는 감자밭에서 일하다가 아내와 함께 온 낯선 길손을 맞았다. 그는 손님이 왔다고 아내에게 차를 내오라고 했다.

"이곳은 비가 거의 없는 지역이에요. 한 해에 3개월만 농사를 지을 수 있어요. 여름철에 빙하가 녹으면 그 물이 밭고랑을 적시거든요."

압달라 부인이 짜파티를 권한다. 얼떨결에 그들과 점심을 함께 했다. 먹을 거라고는 짜파티와 짜이가 고작이지만, 맛은 꿀맛이었다. 세상에서 가족보다 보기 좋은 모습이 또 있을까. 압달라 품에서 떨어지지 않는 막내 녀석이 참 귀엽다.

"그럼 아까 건너온 다리는 후싸이니 마을 사람들이 만든 것이군요?"

"네 맞아요. 두트 다리는 우리가 만들었죠. 마을 사람들은 산비탈을 개간해 농사를 짓고 염소를 키워요."

다리 이름은 서스펜션이 아니라 두트였다. 관광객들에게는 잠시 스릴을 느

후싸이니 마을의 경작지인 샤르 밧으로 가는 가족.

끼게 해 주는 다리가 이들에게는 생계를 위한 통로였던 것이다. 후싸이니 사람들은 척박하기 그지없는 땅에서도 희망을 발견하고 자갈밭을 옥토로 만들었다.

"행복하세요?"

뜬금없는 질문에 압달라는 아내와 아이들을 쳐다보며 행복하다고 했다. 과연 행복은 어디에서 오는 것일까? 우리는 이들이 상상할 수 없는 풍요 속에서 살지만 과연 행복할까?

투포단과 KKH

압달라 가족과 헤어져 다시 두트 다리를 건넜다. 이번에는 다리 중간에 멈춰 주변 풍경을 둘러보는 여유가 생겼다. 온통 황량한 풍경 중에서 유독 푸른 샤르 밧이 눈에 들어왔다. 두트 다리는 여행자들에게 짜릿한 모험을 선사하지만, 주민들에게 생계를 위한 중요한 통로였다. 다른 여행자처럼 그저 스쳐갈 수 있는 풍경을 압달라 가족 덕분에 좀 더 깊이 바라볼 수 있었다.

KKH를 따라 무작정 파수 방향으로 걸었다. 지나가는 차가 없어 호젓하다. 참으로 고속도로라는 말이 무색하다. KKH는 훈자 이후로는 이렇게 차가 뜸하다. 짐이 무거워 가장 먼저 나타나는 길가의 게스트하우스에 배낭을 풀었다.

파수는 파키스탄과 중국의 국경인 쿤제랍 고개와 길기트의 중간 지점에 위치한 고요한 마을이다. 따라서 파키스탄과 중국을 넘어 다니는 배낭여행족들이 반드시 들리는 곳이다. 하지만 훈자 마을이 파수와 2시간 거리에 있어 많은 여행자가 그대로 파수를 통과하기 일쑤다.

이른 저녁을 먹고 산책 삼아 KKH를 걸었다. 점점 해가 기울면서 파수 마을의 여인들이 염소와 양을 몰고 집으로 돌아간다. 바람은 심술궂게 여인의 옷

파수는 투포단의 험준한 봉우리 사이로 KKH가 유장하게 흘러간다.

과 히잡 안으로 들어가 옷을 부풀게 한다. 이러한 한가하고 평화로운 풍경 뒤로 투포단이 솟아 있다.

투포단은 파수의 상징으로 설산이 아닌 바위산이다. 처음 본 사람은 누구나 입을 쩍 벌리고 쳐다본다. 거무튀튀한 바위들이 불꽃처럼 타오르다 절정에서 굳어진 모습이 대단하기 때문이다. 그래서 투포단은 파수 및 카라코람 하이웨이의 상징으로 각종 가이드북과 안내서에 단골로 등장한다. 이 산을 두트 다리에서 처음 봤을 때 '악마의 산'이란 느낌이 번쩍 들었다. 그 안에는 마귀들

KKH에서 본 파수빙하.

파수 마을의 살구 따던 날.

살구 따는 파수의 여인들.

파수 아이들의 맑은 미소.

파 키 스 탄
카라코람 하이웨이 걷기 여행

이 득실거릴 것만 같았다. 나중에 알았지만 내가 찾아가야 할 심샬 마을로 가는 길이 투포단 사이로 나 있었다.

다음날, 파수 마을을 구경하다 살구를 수확하는 집을 만났다. 염치불구하고 들어가 구경하고 살구도 얻어먹었다. 주인집 아주머니가 싸주신 살구 한 봉지를 흔들며 숙소로 돌아오는데 낯익은 얼굴들이 보였다. 이게 누군가, 바로 안형과 삐에다. 오래된 옛 친구를 만난 듯 반가웠다. 두 사람은 파수가 좋아 여러 마을을 돌아다녔다고 한다. 우리는 페어리메도우에 묵었을 때처럼 셋이서 같은 방을 썼다. 밤늦게까지 도란도란 이야기를 나누며 재회의 기쁨을 만끽했다.

악마의 성처럼 보이는 투포단의 기괴한 모습.

파수 정보

파수는 카라코람 하이웨이의 특징을 가장 잘 보여주는 마을이다. 산은 마치 사막처럼 거칠고 황량하지만 묘한 매력을 풍긴다. 훈자에서 가까워 대개 여행자들이 그대로 통과하지만 1~2일 묵으며 천천히 파수 빙하, 두트 다리 등 파수만의 독특한 풍경을 감상하는 것이 좋겠다.
파수 일대의 훈자강에는 굴미트 다리, 후싸이니의 두트 다리, 파수 다리 등 총 3개의 서브펜션 브리지가 걸려 있다. 그중 두트 다리 풍경이 가장 빼어나고 샤르 밧으로 이어지는 길이 있어 반나절 트레킹 코스로 좋다.

숙소
파수 인과 시스퍼뷰 호텔이 대표적이다. 파수 인은 심샬 출신의 주방장 요리 솜씨가 좋다. 시스퍼뷰 호텔 앞의 끝없이 이어진 카라코람 하이웨이 풍경이 인상적이다. 도미토리 100루피. 트윈룸 400~500루피.

교통
훈자→파수
알리아바드에서 파수 가는 미니버스가 오전 시간에는 자주 있고, 오후 3시가 넘으면 끊긴다. 요금은 100루피. 파수에서 훈자로 올 때는 소스트에서 내려오는 버스를 타거나 히치하이킹을 한다.

쉬스퍼 게스트하우스.

언덕에서 내려본 두트 다리.

후싸이니 두트 다리

후싸이니 마을 앞에서 강변으로 5분 내려가면 있다. 시스퍼뷰 호텔에서 후싸이니까지는 도보로 20분 거리다. 다리는 위험해 보이지만 튼튼한 철강으로 지탱하고 있어 안전하다. 다리는 대략 800m로 건너는데 10분가량 걸린다.

다리를 건너면 벼랑을 깎아 만든 잔도가 이어지고 샤르 밧까지 30분 거리다. 샤르 밧은 후싸이니 마을의 여름철 농경지대다. 굴미트와 투포단 봉우리들과 파수 빙하의 전망이 아주 좋다. 후싸이니 마을 구경과 두트 다리 건너 샤르 밧까지를 하루 코스로 잡는다.

심샬
살고자 산으로 올라간 사람들

투포단, 심샬의 전주곡

"그러면 심샬에 같이 가시죠."

아침을 먹으며 심샬이라는 오지마을을 찾아갈 것이라고 했더니 안형이 동행을 청한다. 그 마을에서 5일 정도 트레킹을 할 예정이라고 했더니 안형은 더욱 좋다고 한다. 삐에는 산길 걷는 것이 부담스럽다며 라호르로 내려간다고 했다.

우리는 KKH 길 위에서 헤어졌다. 삐에는 남쪽으로, 나와 안형은 북쪽으로 길을 잡았다. 이렇게 길에서 만난 여행자는 길에서 헤어지기 마련이다. 혼자 걸어가는 삐에의 뒷모습이 쓸쓸해 보였다.

"Load is broken."

심샬로 가는 길을 묻자 되돌아온 대답이다. 그럼 불가능하냐? 물어봤더니 파수 버스정류장 옆 매점 아저씨는 같은 말만 되풀이한다. 이상하다. '파수인' 게스트하우스에서 물어봐도 같은 말이다. '심샬을 포기해야 하나?' 고민하고 있는데 안형이 지나가는 사람을 붙잡아 꼬치꼬치 캐묻더니 심샬로 가는 지프 정류장을 알아냈다.

파키스탄 북부지역 여행 중에 '길이 끊겼다'는 말을 들으면 무척 당황스러워 여행 의지가 꺾이지만, 알고 보니 여름철에는 흔한 일이었다. 파수의 상징 투포단 침봉들을 바라보며 30분가량 걸어서 정류장에 도착하니 지프가 없었다. 오전 지프가 벌써 떠났다고 한다.

심샬은 파수에서 동쪽으로 대략 40km 떨어져 있으나 길이 몹시 험난하다. 심샬 강 벼랑을 깎아 만든 지금의 지프 도로가 없을 때는 무르쿤 계곡에서 카룬피르(4873m) 고개를 넘어 마을까지 걸어서 사흘 걸렸다고 한다. 지금은 10여 년 공사 끝에 벼랑으로 지프 도로가 뚫렸고, 도로 상태가 좋을 때는 마을까지 3~4시간 걸린다.

지프를 기다리던 영국인 여행자는 지프가 외국인 트레킹 그룹을 태우고 아침 일찍 떠났다고 한다. 다음 지프가 언제 있을지 아는 사람은 없었다. 무작정 기다리니 하나 둘 심샬리들이 모여들었다. 몇 시간 지나자 영국인 트레커는 포기하고 떠났고, 심샬리 한 명이 소스트에 가서 지프를 구해 오겠다고 했다. 소스트는 파수에서 북쪽으로 1시간 거리에 있다. 결국 우리와 심샬리 총 9명은 소스트에서 잡아온 지프에 몸을 실었다.

심샬로 가는 지프에서 바라본 투포단은 여전히 '악마의 산'처럼 기괴했고, 그 안에는 마귀들이 득실거릴 것 같았다. 그런데 지프는 덜컹 흔들리더니 맙소사! 투포단 사이 계곡으로 방향을 트는 것이 아닌가. 심샬의 입구가 투포단이었던 것이다. 그러나 이때까지만 해도 투포단이 심샬을 예감하는 '화려한 전주곡'임을 눈치 채지 못했다.

심샬로 가는 길은 투포단 남쪽의 심샬 강으로 나 있다. 강은 1000m가 넘는 바위 협곡으로 둘러싸였고 주변에는 풀 한 포기 없었다. 강물과 주변 산은 모두 거무튀튀했다. 지독하게 황량하다. 길은 점점 넓어졌고, 한동안 속도를 내던

파수에서 심샬로 가는 길은 짜릿한 모험의 연속이었다. 심샬강을 건너는 지프를 밀고 있는 심샬 사람들.

지프가 멈췄다. 앞에 지프 한 대가 길을 막고 있었다. 계곡과 강이 합류하는 구간을 통과하지 못한 것이다. 로프를 묶어 그 차를 끌어내자 편잡 사람들로 보이는 사내들은 더 올라갈 의욕을 잃고 돌아갔다. 우리가 탄 지프는 운전사 사이드 잔의 노련한 기술로 문제의 도로를 가뿐하게 통과했다. 30분 더 가자 설상가상, 길이 처참하게 끊긴 곳이 나타났다. 합류되는 지류에서 불어난 물이 작은 다리를 휩쓸고 내려간 것이다.

'심샬과는 인연이 아닌가 보구나. 이젠 지프도 어쩔 수 없겠지'하고 스스로 포기하고 있는데, 갑자기 심샬리들이 바지를 걷고 계곡으로 뛰어들었다. 강물에 돌을 깔아 지프 길을 만드는 것이다. 얼떨결에 우리도 합류해 돌을 던졌다. 빙하가 흘러드는지 물은 얼음처럼 차가웠다. 뚝닥뚝닥 대충 길이 만들어지고 지프는 과감하게 그 길을 가로질렀다. 지프는 몇 차례 요동치더니 계곡

지프 길을 확보하기 위해 얼음처럼 차가운 강물을 건너는 심샬 사람들.

을 건너는 게 아닌가. 순간 심샬리들의 탄성이 울렸다.

"너희 나라에도 이런 일 자주 있니?"

놀라운 것은 지프가 험악한 계곡을 건너가는 것보다 끊긴 길을 보는 심샬리들의 태도였다. 그들은 태연했다. 길을 만들어 가는 것이 심샬리와 운전사에게 일상이 되었던 것이다. 그래서 이방인에게는 불가능한 길도 그들에겐 대수롭지 않았던 것이다. 길은 계속 강물을 따라 이어졌고, 간혹 운전사 사이드 잔은 벼랑을 쳐다보았다. 벼랑에서 떨어지는 돌을 관찰하는 것이다.

1시간 정도 지났을까. 제법 큰 다리를 건너자 길이 넓어지다가 다시 끊겼다. 불어난 강물이 길을 삼켜버린 것이다. 지프가 건널 수 있는 다른 곳을 찾아야 했다. 다시 심샬리들이 바쁘게 움직였고, 로프를 몸에 묶은 젊은 심샬리

두 명이 손을 잡고 계곡을 건넜다. 강물의 깊이를 가늠해 지프가 건널 곳을 확보하자는 의도였다. 다행히 그들은 무사히 건너갔다. 그러자 그쪽에서 길 만드는 작업이 분주하게 시작되었다. 안형은 이번에도 심샬리처럼 열심히 돌을 날랐다.

"너희 나라에도 이런 일이 자주 있니?" 하고 나비드가 물었다. 열심히 길을 만드는 안형의 모습을 보고 우리나라에도 이런 일이 자주 있는지 궁금했던 모양이다. 우연히 동행이 된 나비드는 나중에 알고 보니 파키스탄과 중국 국경 세관의 우두머리였다. 그는 무장한 국경 경찰 두 명을 거느리고 있었다.

제법 경사가 있는 길이 순식간에 평탄해졌다. 어느 정도 작업이 진행되자 사이드 잔은 겁도 없이 그곳으로 지프를 몰았다. 지프가 강물에 들어서자 돌에 걸렸는지 전진이 안 되고 검은 연기만 방귀처럼 내뿜었다. '저러다 떠내려가지'하며 가슴을 졸이고 있는데 지프 하체에서 쿵탕쿵탕! 비명이 들리다 기적적으로 움직여 계곡을 건넜다. 다시 환호성이 터졌다. 지프가 건너자 일행들은 어깨동무하고 물살이 센 계곡을 건너갔다.

심샬 마을에 도착한 것은 어두컴컴해졌을 때였다. 파수에서 무려 8시간이 걸렸다. 심샬리들은 각자 집으로 돌아갔고, 이방인들은 모하메드의 안내에 따라 그의 게스트하우스로 이동했다. 모하메드 칸을 만난 건 행운이었다. 그는 론리 플래닛 『파키스탄 카라코람 & 힌두쿠시 트레킹』의 저자인 존 먹을 가이드한 사람으로 심샬 공동체에서 존경받는 인물이었다. 오랫동안 아이들을 가르쳤고 지금은 의술을 베풀고 있다.

모하메드는 중간에 만난 국경세관 나비드 일행을 극진히 대접했다. 덕분에 우리도 융숭한 대접을 받았다. 아마 안형이 길 만드는 작업을 자기 일처럼 도운 것이 좋게 보였던 모양이다. 파수에서 심샬로의 이동은 돈 주고도 경험할 수 없는 그야말로 짜릿한 심샬 어드벤처였다.

미지의 땅, 심샬

다음날 아침, 드디어 심샬 마을이 눈에 들어왔다. 구름이 낮게 드리웠고 가는 비가 내리고 있었다. 마을은 온통 밀밭이었다. 비에 젖은 심샬은 평화로웠다. 심샬 강 깊숙이 이렇게 넓은 마을이 펼쳐질 줄 누가 짐작이라도 했을까. 마을의 고도는 무려 3000m, 선선한 바람이 불어 쌀쌀했다.

　모하메드는 자신의 게스트하우스에서 일하는 바그티를 우리의 트레킹 가이드로 붙여줬다. 바그티는 몸매가 호리호리했지만 심샬리 특유의 강인한 정신과 체력의 소유자였다. 비가 그치자 파수로 내려간다는 나비드 일행을 깊은 포옹으로 배웅하고 바그티와 심샬 마을이 잘 보이는 언덕에 올랐다. 심샬 마

파미르에서 마을로 내려가는 노인들과 아이들.

카라코룸 동쪽에 깊숙이 숨겨진 고도 3000m의 심샬 마을. 황량한 강변에 푸른 밀밭이 성그렇다.

우연히 동행하게 된 심샬 노인과 아이들. 한 노인이 쉬는 시간에 춤을 추며 흥을 돋운다.

을은 언덕을 기준으로 앞과 뒷마을로 나뉘었고, 북쪽으로 작은 마을이 하나 더 있었다. 푸르른 밀밭 너머 멀리 날카로운 봉우리들이 시나브로 구름 속에서 나타났다.

 심샬이 외부에 개방된 것이 1986년이다. 그 전까지는 마을에서 중국 국경까지 약 5000km²의 광대한 산악지대가 펼쳐진 그야말로 미지의 땅이었다. 마을이 개방된 후에도 몇 개의 트레킹 코스를 제외하고는 아직까지 인간의 손길이 닿지 않았다. 그래서 희귀한 눈표범과 블루 십, 아이벡스 등 야생동물이 많이 서식하고 있다.

 심샬 파미르 트레킹은 심샬 마을에서 시작하여 심샬 일대에서 가장 큰 목초지인 심샬 파미르까지 왕복하는 일정으로 5일 코스다. 날짜는 5일 걸리지만

심살의 산은 전체적으로 티베트풍이고 그 꼭대기에는 카라코룸 특유의 예리함이 살아 있다. 체력이 강하고 용맹하여 고산 포터로 활약하는 심샬리 가이드들이 담소를 나누고 있다.

스테이지는 무려 12스테이지로 정해져 있다. 일수에 비해 스테이지가 많다는 것은 그만큼 길이 험하고 힘들다는 뜻이다.

트레킹 첫날은 마을에서 워치 프르진Wuch Furzeen까지 15.1km, 8~9시간 걸리는 만만치 않은 길이다.

마을을 벗어나 심샬강을 거슬러 오르면 제법 큰 다리를 만나게 된다. 미카엘 브리지Michael Bridge는 1984년 캐나다 의사였던 미카엘이 돈을 대서 건설했다고 한다. 다리를 건너면 자갈밭이 기약 없이 이어지고 강폭이 넓어진다. 끝없는 자갈밭과 황량한 주변 풍경이 마치 네팔 안나푸르나 라운딩 코스 중에서 좀솜—까그베니 구간에 펼쳐진 마르센디강을 떠올리게 한다.

1시간 정도 자갈밭을 따라가다 보면 언덕이 길을 막는다. 이곳에서 자갈길을 버리고 언덕으로 올라서야 한다. 언덕 뒤에서 심샬강과 파미르이탕강 Pamir-e-Tang River을 만나게 된다. 언덕을 넘으면 길이 왼쪽으로 꺾이면서 파미르이탕강을 거슬러 오르게 된다. 이 강이 문제의 대협곡으로 때론 파수 투포단보다 예리한 침봉을, 때론 미국의 그랜드캐니언Grand Canyon의 모습을 보여주면서 우리의 넋을 홀딱 빼놓았다.

심샬의 영웅 신화 '마무 싱 이야기'

심샬리들은 힘이 세다. 척박한 환경에서 살아남기 위한 몸부림이 그들을 강하게 진화시켰다. 예전 심샬이 훈자 왕국의 지배 아래에 있을 때, 훈자의 왕은 중국에서 넘어오는 대상들을 기습하기 위해 건장한 심샬리들을 고용하기도 했다. 현재 심샬리들은 클라이머들의 고소 가이드와 포터로 유명하다.

심샬리들은 당당하다. 그것은 자신들의 역사와 와키 문화에 대한 강한 자부심에 기인하고 있다. 일반적으로 심샬은 훈자 죄인들의 유배지로 알려졌다. 그렇다면 심샬리들은 죄인들의 후예인 셈인데 어떻게 자긍심을 가질 수 있을까. 그 해답은 심샬리들에게 전해 내려오는 신화에서 찾을 수 있다. 우리나라 신화의 중심에 단군이 있다면 심샬에는 마무 싱Mamu Singh이 버티고 있다.

심샬 영토의 첫번째 이주자는 훈자 출신의 마무 싱이다. 그는 훈자의 새로운 통치자를 찾는 임무를 띠고 와칸으로 보내졌다. 훈자의 왕이 그의 형인 나가르 왕에 의해 살해됐기 때문이다. 마무 싱은 와칸을 구석구석 뒤졌으나 새

아이를 업은 심샬 소녀. 뒤로 밀밭과 산세가 시원하다.

심샬의 아이들. 심샬 사람들은 이슬라마바드와 길기트 사람들과 얼굴이 많이 다르다. 마치 서구 아이들을 보는 듯하다.

소 한 마리가 재산의 전부인 심샬의 가난한 가족.

로운 통치자를 찾지 못하고 그만 와칸의 한 여자와 사랑에 빠지게 된다. 집으로 돌아온 마무 싱은 아버지에게 결혼 승낙을 구하지만 보기 좋게 거절당한다. 이에 마무 싱은 아버지의 명을 거역하고 와칸으로 돌아가 그녀와 결혼한다. 훈자로 돌아갈 수 없는 신세가 된 마무 싱은 아부가치란 곳에 정착했으나 키르기스인들로 인해 안전하지 못했다.

어느 날, 마무 싱은 카룬 고개 정상에서 아래를 내려보다 풍요로운 계곡 심샬을 발견한다. 그곳에는 오래된 수로와 샘, 오두막 등 이전에 사람들이 살았던 흔적이 있었다. 이에 마무 싱은 아내와 심샬 계곡으로 이주하여 정착하게 된다.

마무 싱은 아들 쉐르를 두었는데, 그는 매우 강하게 성장했다. 어느 날 쉐르는 사냥을 갔다가 거대한 초지 파미르를 발견한다. 그런데 키르기스인들이 그곳을 자신의 땅이라고 주장했다. 쉐르와 키르기스 우두머리는 폴로 경기를 통해 땅의 주인을 가리기로 했다. 쉐르는 말이 없었기에 야크를 타고 키르기스 우두머리의 빠른 말과 대항해 결국 경기에서 승리한다. 약속대로 키르기스인들은 물러나고 파미르와 그 너머가 모두 심샬리들의 땅이 되었다.

이것이 마무 싱과 쉐르 2대에 얽힌 신화의 내용이다. 대부분의 건국 신화가 그러하듯 마무 싱의 이야기에서도 영웅 서사시의 형식을 찾아볼 수 있다. 재미있는 것은 야크를 타고 빠른 말을 이겼다는 점이다. 여기에 심샬리들의 생활사가 고스란히 반영되어 있다. 심샬리들은 여름철 심샬 고개에서 수만 마리의 양, 염소, 야크를 방목하고 있다. 야크를 다루는 기술은 심샬리만큼 정교한 종족도 드물다. 그들은 매년 7월에 울리오Woolio 축제를 여는데, 야크 레이싱 경기가 열린다고 한다.

유라시아 대륙의 원형을 만나다

검은 물과 거무튀튀한 협곡의 파미르이탕강에서 60~70도로 치솟은 벼랑을 기어오르면 길은 산비탈로 이어진다. 이제 풍경은 황금색으로 빛나는 그랜드캐니언의 축소판이다. 남쪽으로 야즈길 빙하와 그 너머 심샬 일대에서 가장 높은 봉우리인 다스타길사르(7885m)가 고개를 내밀었다.

"아차하면 황천길이구만!"

안형이 한마디 내뱉었다. 길은 벼랑을 깎아 만든 잔도棧道로 심샬리들의 고

프리엔에사르 성벽에 선 심샬 노인들.

쉬제랍에서 내려오는 길, 오른쪽 봉우리가 세크리다. 세크리는 와키어로 붉다는 뜻이다.

쉬제랍에서 파미르로 가는 길은 마치 하늘로 오르는 것 같다. 2시간 가면 반짝이는 호수를 만나게 된다.

된 노동의 결과물이다. 험하기로는 삼국지에 나오는 대로 촉蜀나라 잔도가 유명하지만 이곳에 비하면 '번데기 앞에 주름잡는' 격이다. 발을 헛디디면 그것으로 끝이다.

   점심 식사 후, 1시간 더 벼랑을 타자 앞쪽으로 장엄한 계곡이 눈에 들어온다. 강은 까마득한 저 밑바닥에서 흐르고 벼랑은 티베트풍으로 황량하며 비탈 곳곳에 바람에 풍화된 암석인 메사mesa가 발달했다. 산꼭대기는 창검이 꽂

심샬 마을로 내려오다 만난 심샬의 처녀 총각들. 아랫줄 야구모자 쓴 사람이 안형. 그 오른쪽이 가이드 바그티. 뒷줄 맨 왼쪽이 필자다.

힌 듯 날카롭게 치솟았고 멀리 설산들이 신기루처럼 보인다. 캠프사이트가 있는 페스트 푸르진Past Furzeen을 지나 워츠 푸르진까지 오후 6시에야 도착했다. 서둘러 텐트를 치고 샘에서 식수를 떠다 저녁을 지어 먹었다. '먼 길을 오래 걸었다……' 일기장에 첫 줄을 쓰다가 곯아떨어졌다.

"오늘은 어제보다 더 멀어요."

우리의 가이드 바크티가 짐을 싸며 한 말이다. 심샬 파미르 트레킹은 둘째 날이 고비다. 첫날 9시간 걷고, 둘째 날은 985m 고도를 올리며 10시간 걷는다. 쉬제랍의 고도가 4350m, 고소증 걸리기 쉬운 높이다. 워츠 푸르진을 지나면 파미르이탕강을 건너야 한다. 얼기설기 나무판자로 엮은 다리가 나온다. 거칠고 검은 물살은 우리가 떨어지면 얼른 집어삼킬 태세다. 흔들리는 다리를 조심조심 건넜다. 조도鳥道처럼 이어진 길이 벼랑에 실오라기처럼 걸렸다.

오두막에서 짜파티를 만드는 바그티(오른쪽). 밀로 만드는 짜파티는 파키스탄 어디를 가나 쉽게 만날 수 있다.

가이드 바그티.

네 발을 이용해 급경사 비탈을 오르면 돌로 성벽처럼 쌓은 문이 나온다. 이곳에서 하산 중인 프랑스 트레커 세 명을 만났다. 그들은 가이드 한 명을 대동했지만 모두 거대한 배낭을 지고 있었다. 심샬 파미르에 갔다가 내려오는 길이라고 한다. 그들의 얼굴은 알 수 없는 희열로 가득 차 있었다. 서로 행운을 빌며 헤어졌다. 1시간 더 발품을 팔아 두번째 성벽이 있는 프리엔에사르 Prien-e-Sar를 만났다. 이곳에서 심샬 파미르와 파미르 마이 듀르 코스가 갈린다. 서쪽으로 우리가 올라온 파미르이탕강 협곡이 기막히게 보인다.

"유라시아 대륙의 원형을 보는 것 같구만!"

협곡을 바라보던 안형이 중얼거린다. 히말라야는 유라시아 대륙과 인도 대륙이 부딪치면서 솟아났다는 것이 정설이다. 그는 이곳 특유의 거무튀튀한 색, 기괴한 형체에서 유라시아 지각판의 속살을 상상한 것이다.

두번째 성벽을 지나면 비로소 길이 완만해진다. 길 양쪽에 도열한 산은 각기 독특한 색으로 눈길을 잡아끈다. 가장 특이한 것은 세크리라 부르는 산으로 화장을 한 듯 붉다. 세크리는 와키어로 붉다는 뜻이라고 바크티가 알려줬다. 세크리가 잘 보이는 오두막에서 배낭을 풀었다. 바크티가 솜씨를 발휘해 짜파티를 구웠다. 고소한 빵 굽는 냄새가 진동하자 몇 명의 심샬리들이 오두막으로 들이닥쳐 함께 점심을 먹었다. 오두막에는 약간의 밀가루와 그릇 등이 갖추어져 있었다. 심샬리들 누구나 사용할 수 있다. 이처럼 심샬리들은 건강한 공동체 삶을 유지하고 있다.

설산이 담긴 하늘호수

부지런히 걸었지만 '검은 계곡'이란 뜻의 쉬제랍에 오후 6시가 넘어서야 도착했다. 돌로 만든 양치기 집들이 다닥다닥 붙어 있고, 벽에는 연료로 쓰는 야크

저무는 빛 속에 들어간 심샬 파미르의 두번째 호수. 심샬 고개는 두 개의 호수를 품은 광활한 평원이다.

똥이 붙어 있다. 쉬제랍에 머무는 심샬리들이 바크티와 얼싸안고 좋아한다.

   그날 밤, 참치 캔 하나를 따서 안형과 팩 소주를 기울였다. 그동안 보았던 황홀한 풍경들이 소주 한 모금마다 되살아났다. 한밤중에 소변을 보러 텐트 밖으로 나왔다가 마침 떠오르는 달을 만났다. 눈이 부셔 똑바로 쳐다볼 수가 없었다. 그렇게 밝은 달은 난생처음이었다. 덕분에 밤잠을 설쳤다.

   파미르는 쉬제랍에서는 계곡을 버리고 남서쪽 언덕으로 올라서야 한다. 이 언덕을 압둘라 칸 마이단이라 하는데, 여기서부터 파미르가 시작된다. 심샬

심샬 파미르 트레킹 코스의 백미인 파미르의 하늘 호수. 주변은 거대한 초지로 야크, 양, 염소들이 방목된다.

호수에서 흘러오는 옥빛 계곡, 주변은 완만한 구릉으로 잔디가 깔렸고, 산꼭대기는 눈을 뒤집어쓰고 있다.

2시간쯤 완만한 풀밭을 헤치고 나가니 멀리 반짝이는 것이 눈에 들어온다. 심샬 호수다. 호수 뒤편으로 허연 구름이 걷히며 설산들이 나타나기 시작했다. 푸른 초원과 시퍼런 호수와 신기루처럼 솟은 설산들, 아! 아름답다. 여기가 심샬 파미르다. 이곳은 산맥 분류상 카라코람이지만 심샬리들은 그냥 파미르라고 부른다.

호수 앞에 캠프사이트가 있지만 우리는 호수를 향해 계속 전진했다. 호수 앞의 언덕에 올라서자 맙소사! 또 하나의 거대한 호수가 나타났다. 호수 안에는 하늘과 설산들이 잠겨 있었다. 안형은 이곳이 쿰부 히말라야 고쿄 호수보다 한 수 위라며 극찬을 아끼지 않았다. 우리는 바그티를 껴안고 환호성을 울리다 호수를 향해 넙죽 절을 했다.

바그티는 언덕 앞에 텐트를 치라고 한다. 외부인은 이 언덕을 넘어서 텐트를 칠 수 없다는 것이다. 우리는 텐트를 치고 풀밭에 드러누웠고 바그티는 심샬리들의 파미르 꼭대기 마을인 슈웨르트로 떠났다. 슈웨르트는 제2의 심샬 마을이다. 여름철이면 집집마다 한두 명은 슈웨르트로 올라온다. 처녀총각은 야크와 양, 염소를 방목하고, 아낙들은 야크 젖으로 치즈를 만든다. 이곳에서 심샬리들은 독특하고 평화로운 공동체 생활을 영위한다.

파미르에 해가 저물고 어둠이 짙어지다가 갑자기 환한 빛이 쏟아져 나왔다. 보름달이 뜬 것이다. 맙소사! 달빛이 이렇게 밝을 수 있을까? 파미르 호수에 내려앉는 빛의 향연에 황홀하고, 또 고소의 고통에 괴로워하며 잊지 못할 하룻밤을 보냈다. 다음날, 워츠 푸르진으로 내려가는 길에 우연히 만난 심샬리 노인 3명과 동행했다. 그들은 슈웨르트에서 볼 일을 보고 마을로 내려가는 길이었다. 우리에게는 힘든 트레킹 코스가 심샬리에게는 그저 일상적인 삶의 길이었던 것이다.

그들은 여유가 있었다. 중간 중간 쉬면서 흥이 나면 춤을 추고, 망원경으로 산을 바라보기도 했다. 한 노인이 물끄러미 산을 바라보다 말을 건넨다.

"심샬의 산은 너무나 아름다워요!"

저 황량하고 거칠고, 무섭기 짝이 없는 봉우리들이 아름답다니!

심샬 트레킹 정보

심샬은 파키스탄의 북동쪽 변방 오지마을이다. 파수에서 불과 40km 떨어져 있지만 찾아가는 길이 워낙 험악하고, 외부인에게 마을을 개방한 지가 불과 22년밖에 안 된다. 심샬은 우리에게는 낯설지만 미국과 유럽의 트레커들에게는 제법 유명한 곳이다. 카라코룸의 날카로움, 티베트의 황량함, 파미르 고원의 드넓은 호수가 동시에 펼쳐지는 지구상의 유일한 지역이다.

심샬 파미르 트레킹은 총 83.2km, 최고 높이 4735m, 5일 걸린다. 이곳에서는 심샬 주민을 반드시 가이드 혹은 포터로 고용해야 트레킹을 할 수 있다. 심샬은 마을을 벗어나야 그 진면목이 드러나기 때문에 등산 장비가 없는 여행자라면 간단한 1일 트레킹을 하는 것이 좋겠다.

일정

일정	코스	거리(km)	시간
1일	파수→심샬 마을(3000m)	40	4(지프)
2일	심샬 마을→워츠 푸르진(3365m)	15.1	8~9
3일	워츠 푸르진→쉬제랍(4350m)	18.5	9~10
4일	쉬제랍→심샬 파미르(4735m)	8	3
5일	심샬 고개→워츠 푸르진	26.5	10
6일	워츠 푸르진→심샬 마을	15.1	8
7일	심샬 마을→파수	40	4(지프)

교통

파수→심샬

파수에서 심샬 마을로 들어가는 것이 트레킹의 절반이라 해도 과언이 아니다. 여름철에 심샬 마을로 이어진 도로가 끊기는 일이 허다하기 때문이다. 요령은 반드시 패신저 지프를 이용해 심샬리들과 함께 들어가는 것이다. 길이 끊긴 곳이 있으면 심샬리들이 알아서 길을 만든다. 시간은 길이 좋을 때 3~4시간, 나쁠 때는 7~8시간, 운이 없으면 1박도 각오해야 한다.

파수에서 심샬 마을로 가는 패신저Passenger 지프는 오전 7~9시 사이에 심샬 레스토랑(파수 인 게스트하우스에서 북쪽으로 도보 20분 거리)에서 출발한다. 요금은 100~200루피. 파수→심샬, 전세Special 지프는 3000루피.

시팟 게스트하우스의 주인장.

심샬로 가는 지프가 떠나는 심샬 레스토랑.

심샬→파수
패신저 지프는 오전 7~9시 사이에 심샬 투어리스트 로지에서 출발한다. 자주 길이 끊기기에 심샬리들과 함께 나오는 것이 좋다. 파수까지 전세 지프 요금은 2000~3000루피.

가이드와 포터
심샬 마을에 도착해 구하는 것이 편하고 저렴하다. 심샬리 젊은 남자들은 대부분 가이드와 포터로 일한다. 필자와 동행한 가이드 겸 포터 '바그티 백'은 착하고 우직하다. 모하메드 칸이 운영하는 게스트하우스에서 일하는데 시팟 게스트하우스에 물으면 찾을 수 있다. 숙소인 심샬 투어리스트 로지 및 시팟 게스트하우스에 묵으면 그곳에서 포터를 쉽게 구할 수 있다.

스테이지와 임금
심샬 파미르 트레킹은 12스테이지다. 트레킹이 보통 5일 걸리니 그만큼 길이 험하다는 뜻이다. 포터 비용은 1스테이지에 300루피. 심샬에서는 포터에게 장비료를 1인당 300루피 지불해야 한다.

비용
파수↔심샬 마을 400루피(패신저 지프). 가이드 겸 포터 바그티 임금: 300(1스테이지)×12(스테이지 총합)+300(장비료)+300(보너스)=4200루피. 숙소 2박 600루피. 식사 4끼 1000루피. 따라서 총합은 6200루피(약 99,200원). 만약 전세 지프를 이용하면 비용이 추가된다.

숙소와 식당
심샬 마을에는 심샬 투어리스트 로지와 시팟 게스트하우스가 있다. 2인 300~600루피.

일정별 가이드
1일 파수→심샬 마을(3000m)
오전 7~9시 사이에 심샬 레스토랑에서 떠나는 패신저 지프를 심샬리들과 함께 타고 심샬 마을로 들어간다. 파수에서 심샬 마을로 가는 길 자체가 짜릿한 모험이다.

2일 심샬 마을→워츠 푸르진(3365m)
밀밭 푸르른 심샬 마을을 떠나면 황량한 티베트와 날카로운 카라코람이 만나는 독특한 풍경이 펼쳐진다. 마을을 벗어나 심샬강을 따르다 미카엘 브리지Michael Bridge를 건넌다. 이어 자갈밭을 한 시간 걸으면 작은 언덕을 오르게 된다. 언덕에서 심샬강과 파미르이탕강이 합류하는 모습을 볼 수 있다. 여기서 심샬강을 버리고 파미르이탕강을 따르면 된다. 난폭한 파미르이탕강을 따르다 다리를 건너 급경사 벼랑을 기어오른다. 풍경은 미국의 그랜드캐니언 축소판이다. 정상 부근은 창검을 꽂은 듯 날카롭다. 마을에서 패스트 푸르진 Past Furzeen까지 7시간 30분, 워츠 푸르진Wuch Furzeen까지 9시간 걸린다. 두 곳 모두 맑은 식수를 구할 수 있는 캠프사이트다. 중간에 식수를 구할 곳이 없으므로 마을에서 충분히 준비한다. 고도는 365m 오른다.

3일 워츠 푸르진→쉬제랍(4350m)
파미르이탕강 벼랑 길이 끝나면서 고원의 사막 길이 이어진다. 워츠 푸르진에서 강을 건너 1시간 오르면 돌로 쌓은 성벽이 나타난다. 여기서 1시간 더 급경사를 오르면 두번째 성벽이 있는 프리엔에사르Prien-e-Sar에 닿는다. 이곳에서 심샬 파미르와 파미르 마이 듀르 코스가 갈린다. 뒤를 돌아보면 올라온 파미르이탕강 협곡이 기막힌 장관을 이룬다. 이곳부터는 완만한 고원 길이다.
점심은 오두막이 있는 아르밥 퓨리엔에서 먹는다. 이후 쉬제랍까지 완만한 오르막이다. 워츠 푸르진—프리엔에사르 2시간 20분, 프르엔에사르—아르밥 퓨리엔 2시간, 아르밥 퓨리엔—쉬제랍 5시간 걸린다. 쉬제랍은 심샬의 많은 방목지 중의 하나로 많은 심샬리들이 거주하는 캠프사이트다. 식수는 점심 장소인 아르밥 퓨리엔에서 구할 수 있다. 고도는 985m 오른다.

쉬제랍으로 오르는 길에 건너는 아슬아슬한 다리.

4일 쉬제랍→심샬 파미르(4735m)
옥빛 계곡을 거슬러 비단 같은 초원 길을 따르면 아름다운 두 개의 호수가 있는 심샬 파미르(심샬 고개)에 오른다. 쉬제랍에서 계곡 길을 버리고 남동쪽 언덕을 30분 올라서면 압둘라 칸 마이단을 만난다. 2시간 꿈결 같은 초원 길을 따르면 반짝이는 첫번째 호수를 만나게 된다. 호수를 지나면 언덕이 나오는데, 이곳에 올라서면 반대편 두번째 호수가 나타난다. 두번째 호수가 더 크고 아름답다. 멀리 설산들이 그림처럼 솟아 있다. 심샬 호수에서 가까운 문가릭사르(5931m)는 트레킹이 가능한 봉우리다. 이곳에 오르려면 동계등반 장비가 필요하다. 그곳에서 K2가 보인다고 한다. 고도는 385m 오른다.

5일 심샬 고개→워츠 푸르진
황홀한 심샬 호수에서 하룻밤을 보내고 서둘러 워츠 푸르진까지 내려온다. 고도는 1360m 내린다.

6일 워츠 푸르진→심샬 마을
심샬 일대에서 가장 높은 디스타길사르(7885m)를 바라보며 마을로 돌아온다. 고도는 365m 내린다.

7일 심샬 마을→파수
파수로 가는 패신저 지프는 심샬 투어리스트 로지 앞에서 선다. 문제는 사람이 없으면 운행을 하지 않는다는 것. 파수까지 내려가는 전세 지프는 2000~3000루피다.

쿤제랍 고개

동서양의 자연 국경, 파미르 고원

낙타와 트럭

파수를 지나면 풍경은 더욱 황량해진다. 카라코람 산맥은 마치 사막처럼 풀 한 포기, 나무 한 그루 찾아보기 힘든 곳이 많다. 하지만 사막이 그 안에 오아시스를 안고 있듯, 카라코람 역시 훈자와 파수처럼 아름다운 마을을 품고 있다. 풍요로운 마을을 만든 장본인은 놀랍게도 만년설과 빙하다. 이것들이 녹아 마을을 적시면서 나무와 곡식을 키운 것이다. 희고 차갑고 날카로운 것이 푸르고 부드러운 것을 키울 수 있다는 역설이 참으로 놀랍다.

심샬에서 돌아와 파수에서 한숨 돌렸다. 오아시스에서 목을 축이듯 달고 맛있는 나날이었다. 몸이 회복되자 지프를 대절해 KKH의 꼭대기인 쿤제랍 고개로 향했다. 지프가 소스트에 들어서자 화려하게 치장을 한 여러 대의 트럭들이 눈에 띄었다. 소스트는 파키스탄에서 중국으로 넘어 가는 마지막 국경 마을이다. 트럭 앞에는 운전사들로 보이는 사내들이 크리켓을 하고, 일부는 차 바닥으로 들어가 트럭을 점검하고 있었다.

"운행은 왜 안 하나요?"

"중국에서 물건이 내려오지 않아 기다리고 있어요."

파키스탄에서는 화려하게 트럭을 치장한다.

소스트의 말쑥한 트럭 운전사들.

한 사내에게 다가가 물었더니 물건이 모레쯤 내려온다고 한다. 중국에서 컨테이너 트럭이 쿤제랍 고개를 넘어 소스트에 도착하면, 이곳 운전사들은 그 물건을 싣고 이슬라마바드나 라호르로 운송하는 것이다.

재미있는 것은 잔뜩 멋을 부린 트럭이다. 이곳 남성들은 꼭 여자들이 얼굴에 화장하듯, 정성껏 트럭을 치장한다. 맨얼굴로 다니는 것이 예의 아니라는 듯. 이러한 전통은 옛 실크로드를 다니던 대상들이 낙타를 치장한 전통에서 유래하였다고 한다. 그러한 전통과 파키스탄 무슬림 남자들의 간접적인 멋 부리기가 결합한 독특한 문화로 보인다.

사실 국경을 넘어다니는 트럭은 옛 실크로드 대상들의 운송 수단인 낙타의 후예라고 할 수 있다. 파키스탄 길기트와 중국 카슈가르 사이에서 낙타 행렬이 사라진 것은 불과 40년이 넘지 않는다. 1969년까지 낙타 대상 행렬이 지나갔다고 한다. 당시 이곳에는 '변경 무역'이 행해졌다. 이것은 나라와 나라 사이의 무역이 아니라 파키스탄 북부지역과 중국 신장 위구르 자치구 사이의 교역이다.

1970년대 쿤제랍 고개가 뚫리면서 차가 다닐 수 있게 되자 비로소 낙타는 사라졌다. 따라서 쿤제랍 일대에서 낙타 대상 행렬이 가장 오랫동안 볼 수 있었던 지역이 길기트와 카슈가르지역이었을 것이다. 당시 길기트에서 카슈가르까지 대상의 일정은 한 달이 걸렸다고 한다. 지금은 고작 이틀 걸린다.

동서양을 가르는 파미르 고원

소스트를 지나면 KKH는 한동안 적막강산이 이어지다 첫번째 체크포인트가 나온다. 이곳을 지나면 왼쪽으로 킬릭계곡이 합류하게 되는데, 이곳부터 산줄기는 카라코람에서 파미르 고원으로 이름을 바꾼다.

파키스탄과 중국의 국경인 쿤제랍 고개.

파미르 고원은 카라코람, 힌두쿠시, 천산산맥, 곤륜산맥이 모인 곳에 형성된 거대한 고원지대다. 그래서 이곳을 '세계의 지붕'으로 부르기도 한다. 파미르의 지리적 중요성은 유라시아 대륙 모든 산맥의 출발점이라는 점에 있다.

파미르에서 천산산맥은 동북쪽으로 뻗어나가 타클라마칸 사막 북측으로 사라지고, 또 북쪽으로 흐른 한 줄기가 알타이산맥으로 연결된다. 파미르에서 동남쪽, 타클라마칸 남쪽으로 뻗어나간 곤륜산맥은 중국의 청해성에서 한 지맥이 북동쪽으로 뻗어 알틴 타그 산맥이 되고, 곤륜은 세력을 낮추었다 적석산맥으로 연결된다. 또한 파미르에서 남서쪽으로 카라코람이 이어지다 히말라야까지 연결되고, 남동쪽으로 힌두쿠시가 아프가니스탄 카불까지 이어진다. 이러한 지리적, 지형적 조건으로 파미르 고원은 역사적으로 동서양을

쿤제랍 고개 | 159

나누는 자연 국경 역할을 해왔다. 전한시대(기원전 139~126년) 장건의 서역착공 이후, 파미르를 횡단하는 길이 뚫리면서 비로소 실크로드는 동서양을 연결할 수 있었다. 옛날 중국에서는 파미르를 넘는 고개에 야생 파가 많이 난다고 해서 총령叢嶺 또는 음역하여 파밀이라고 불렀다.

지프가 갑자기 멈췄다. 디히Dih 체크포인트에서 길을 막고 여행자의 인적사항을 적고 입장료를 받는다. 쿤제랍 일대의 $2270km^2$의 방대한 지역이 국립공원으로 지정되었다. 이곳은 희귀한 눈표범, 마르코폴로 양과 히말라야 양 등이 사는 야생동물 보호구역이다. 따라서 국경을 넘는 모든 여행자는 국립공원 입장료 4달러를 내야 한다.

세번째 체크포인트에서 국경경찰이 지프에 오른다. 경찰이라고 하지만 제복을 입은 것도 아니어서 동네 아저씨처럼 친근하다. 체크포인트를 지나면서 길은 계곡과 헤어지고 구절양장같은 고갯길이 시작된다. 그렇게 한동안 오르면 산세가 눈에 띄게 완만해 지면서 고원에 올라온 느낌이 든다. 이어 '타슈쿠르간 143km, 카슈가르 438km' 중국 쪽의 거리를 알리는 안내판을 지나자 하늘이 넓게 열리면서 쿤제랍 정상이 보인다.

정상의 고도는 4693m. 가져온 옷을 모두 껴입어도 춥다. 파키스탄 국경을 알리는 비석이 앞을 가로 막는다. 바로 여기가 국경선이다. 앞쪽으로 중국 측의 건물이 보이는데, 한눈에 봐도 크고 좋다. 또한 국경 넘어에는 길이 널찍하게 포장이 잘 되어 있다. 그 길을 따르면 타슈쿠르간(옛 이름 갈반단국)을 거쳐 카슈가르(옛 이름 소륵)에 이른다.

쿤제랍 고개가 뚫리기 전에 낙타 행렬이 지나간 고개는 어디일까? 예전에는 여기서 왼쪽으로 약 70km 떨어진 킬릭 고개(4827m) 혹은 민타가 고개(4726m)를 넘었다. 킬릭 고개는 완만한 대평원이고, 민타가 고개는 좁다. 그

산맥 분류상 쿤제랍 고개는 파미르 고원에 들어간다.

래서 킬릭 고개를 통해 주로 낙타 대상 행렬이 지나갔다고 한다. 현재 이곳은 찾는 사람이 드문 한적한 트레킹 코스로 변했다. 반면 중국 쪽은 아프가니스탄과 국경 지대이기 때문에 엄격하게 출입을 통제한다.

이 지역의 지도를 보면 타지키스탄, 아프가니스탄, 파키스탄, 중국이 국경을 맞대고 있다. 지도를 자세히 보면 국경 지대의 아프가니스탄 땅이 도깨비방망이처럼 동북쪽으로 길쭉하게 뻗어나간 것을 볼 수 있다. 이곳을 와칸 회랑Wakhan Corridor이라 부르는데, 19세기 영국과 러시아가 식민지 쟁탈전을 벌이다 부딪친 지점이다. 두 제국의 국경조정위원회가 더 이상의 충돌을 피하기 위해 완충지대로 설정한 덕분에 아프가니스탄 땅으로 포함된 것이다. 안타깝게도 이곳이 파미르 고원의 핵심 중의 핵심이다.

킬릭이나 민타가 넘는 것보다 많은 사람들이 이용한 길이 바로 와칸 회랑이다. 그것은 타슈쿠르간에서 킬릭 고개 방향으로 가다가 와크지르 고개를 넘어 와칸 계곡으로 들어가는 길이다. 이 길은 지금의 아프가니스탄 땅이라 접근할 수 있는 방법이 없다. 그 옛날에는 이 길을 따라 현장과 혜초와 같은 구도승을 비롯, 실크로드 대상들이 서역 땅인 페르시아(이란)로 들어갔다.

재미있는 것은 고선지 장군의 길기트 원정군 역시 이 길을 갔다는 것이다. 고선지는 타슈쿠르간에서 길기트가 가까운 킬릭 고개를 넘지 않고 와크지르 고개를 넘어 와칸 계곡으로 들어갔다. 그리고 지금의 아프가니스탄 사르하드(옛 이름 연운보)에서 길기트를 돕던 토번(티베트) 대군을 격파하고, 힌두쿠시 브로길 고개(3600m)를 넘었다. 이어 눈과 빙하로 뒤덮인 다르코트을 넘어 길기트로 쳐들어간 것이다. 그야말로 상대방의 허를 찌르는 전략이었다. 작전은 대성공이었다.

언젠가 아프가니스탄에 평화가 찾아오면 고선지의 길기트 원정 루트를 따라 걸어보고 싶다.

파미르와 힌두쿠시 산맥을 연속적으로 넘는 역사적이고 환상적인 걷기여행이 될 것이다. 부디 아프가니스탄의 평화여 어서 오라!

쿤제랍 고개 정보

쿤제랍 고개는 파키스탄과 중국의 국경으로 카라코람하이웨이의 가장 높은 곳이다. 산맥의 분류상 이곳은 카라코람이 아니라 파미르 고원에 들어간다. 파키스탄과 중국을 넘는 육로 여행을 할 경우 자연스럽게 넘을 수 있지만, 파키스탄 여행자들은 훈자나 파수에서 지프 투어로 다녀와야 한다.

파수(훈자)↔쿤제랍

쿤제랍 고개에 다녀오려면 지프를 대절해야 한다. 파수나 훈자의 게스트하우스에 문의하면 지프를 섭외해 준다. 시간은 총 7~8시간 걸리고, 요금은 4000~5000루피.

소스트의 화려한 트럭들.

2

데오사이를 넘어
낭가파르바트로

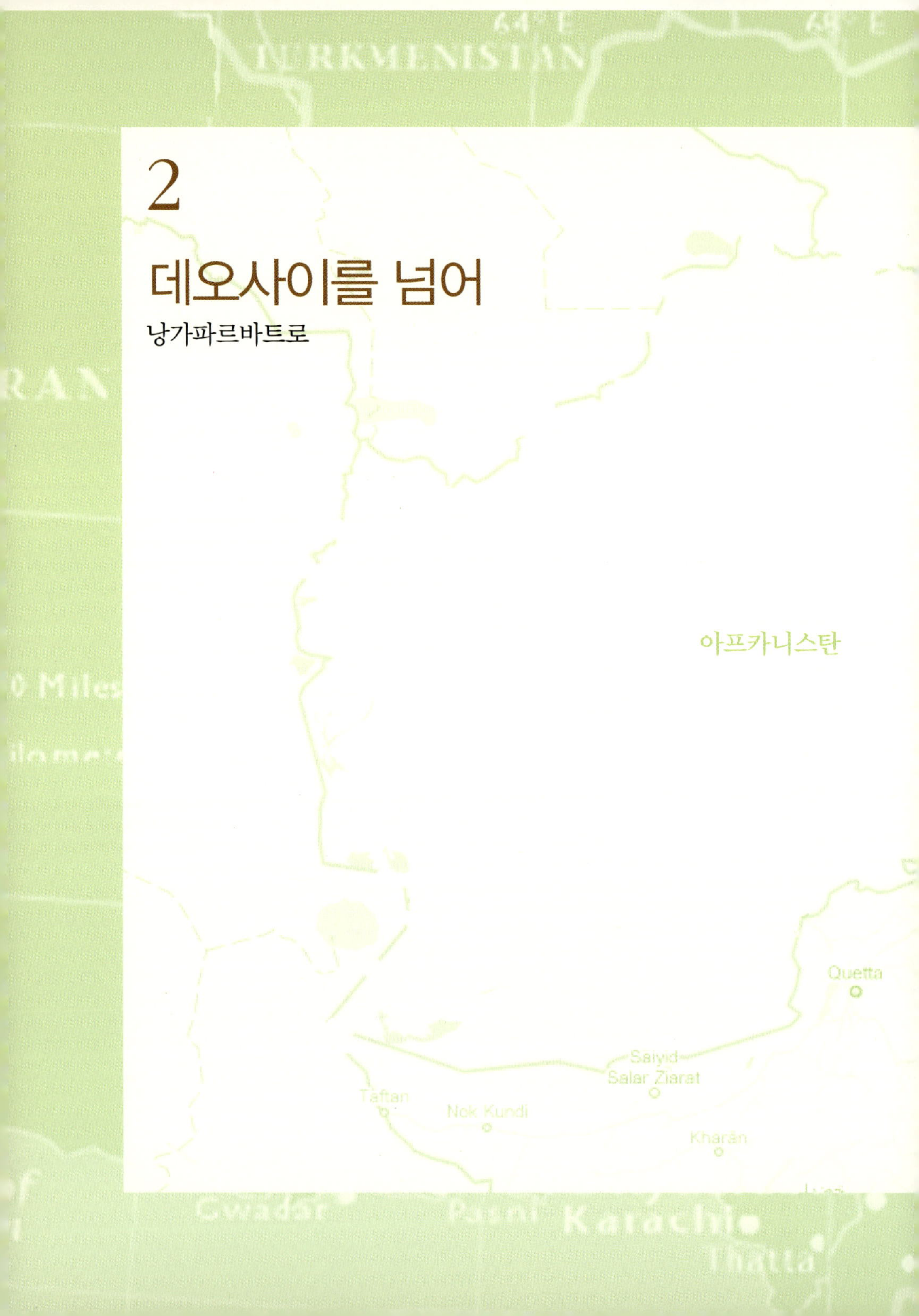

아프카니스탄

중국

● 낭가파르바트 루팔
● 스카루드
● 데오사이 고원

인도

스카르두

K2와 낭가파르바트의 갈림길

식중독과 감옥

쿤제랍에서 돌아와 훈자에서 하루 묵고 길기트로 돌아왔다. 훈자에서는 장기 체류자 정은 씨가 꿋꿋하게 버티고 있었다. 그녀는 날이 좀 서늘해지면 이란으로 넘어갈 예정이라고 한다. 참으로 의지의 한국인이다.

이번에는 길기트에서 동쪽 길을 택해 스카르두 지역으로 들어간다. 거기에서 데오사이 고원을 넘어 그 유명한 낭가파르바트 루팔을 만날 것이다. 일반적으로 스카르두는 K2로 들어가는 관문이다. 하지만 지구에서 두번째로 높은 K2 트레킹을 포기하고 낭가파르바트를 선택했다. K2지역은 개인적으로 트레킹하기에는 비용이 많이 들고 절차가 복잡하기 때문이다.

길기트 버스정류장에서 안형과 함께 스카르두행 미니버스에 올랐다. 파수에서부터 안형과 계속 동행이다. 심샬에서 함께 진하게 고생을 한 후 더욱 가까워졌다. 그와 언제까지 동행할지 궁금하다. 스카르두로 가는 길은 인더스강을 따르는데, 잿빛 강은 황량하기 그지없다. 이처럼 험하고 황량한 강은 세상 어디에도 없을 것이다. 하지만 인더스강의 하류에서 화려한 인더스 문명이 꽃 피었다.

스카루드의 대표적 관광지인 카츄라 호수.

출발한 지 얼마 되지 않아 속이 이상하다. 아침에 먹은 요구르트가 약간 맛이 이상하다 생각했는데, 그 때문인지. 시간이 좀 가면 낫겠지 싶었는데, 갈수록 심해진다. 아으! 더는 참을 수가 없어 나는 안형의 손을 잡았다. 그제야 안형도 사태의 심각성을 눈치 챘다. 하지만 다른 방법이 없다.

정신이 혼미하고 구토가 올라와 차를 세웠다. 속에 것을 게워냈더니 좀 정신이 든다. 이어지는 설사. 빵빵! 차가 어서 떠나자고 경적을 울린다. 안형이 좀 기다리라고 소리친다. 기진맥진해 차에 올라타 뒷자리에 아예 드러누웠다. 길기트에서 스카르두까지는 전부 비포장도로다. 비포장도로를 온몸으로 흡수하는 것은 꼭 주먹으로 두들겨 맞는 것과 다르지 않다. 황량한 인더스강의 기운은 나를 더욱 깊은 나락으로 빠뜨리는 기분이었다. 고통 속에서도 시선은 차창 밖 하늘에 닿아 있었다. 하늘은 맑고 높았다. '나는 왜 타향에서 이 고생을 하는 건가?'하는 생각이 자꾸 떠올랐다. 안형이 내 손을 놓지 않고 힘을 전해주고 있었다.

스카르두에 도착하자 숙소 침대에 그대로 쓰러졌다. 몇 시간 동안 잠을 잔 후에 나는 안형의 손에 이끌려 병원을 찾았다. 그는 내 증상을 의사에게 이야기하고 처방을 받는 등 꼼짝 못하고 누워있는 나를 대신해 뛰어다녔다. 꼭 보호자 같았다. 병명은 급성 식중독. 시름시름 앓다가 이틀을 지난 후에야 기운을 차릴 수 있었다.

내가 회복된 것을 본 안형이 떠나겠다고 했다. 나 때문에 며칠 발목이 잡힌 것이다. 우리는 그렇게 헤어졌다. 길에서 만난 사람은 길에서 헤어지기 마련이다. 붙잡을 수도 없고 떠나지 않을 수도 없는 법이다.

나는 동행을 잃고 숙소를 옮겼다. 내가 묵은 숙소는 알고 보니, 옛 감옥을 리모델링해서 만든 곳이었다. 왠지 기분이 찜찜하고 우울해 마당이 넓고 요금이 비싼 게스트하우스로 옮겼다. 인더스강이 시원하게 보이는 평화로운 곳이었다. 숙소의 창문으로 햇빛이 쏟아져 들어왔다. 그날 밤, 몸은 아프지 않았지만 이상하게 잠을 이루지 못했다. 큰 침대에서 밤새 뒤척뒤척하니 감옥이 따로 없다. 안형이 떠난 자리는 생각보다 컸다.

카라포추성의 성지기 할아버지

길기트에서 대략 170km 떨어진 스카르두는 발티스탄의 주도이다. 이곳은 예로부터 티베트와 페르시아를 연결하는 교통의 통로였다. 따라서 티베트(토번)가 막강한 힘을 떨칠 때는 그 영향권에 들어가는 지역이었다. 혜초 스님의 『왕오천축국전』에는 '대발률(스카르두)은 본래 소발률(길기트) 왕이 살던 곳인데, 토번이 내침하자 왕이 소발률국에 들어가 주저앉았다. 수령과 백성들은 거기 대발률에 남아 따라오지 않았다'고 기록되어 있다.

스카르두(2290m)는 길기트보다 고도가 높고 전체적으로 규모가 크다. 북쪽으로 인더스강이 흐르고, 높고 황량한 산들이 도시를 병풍처럼 둘러싸고 있다. 일단 몸이 회복하자 스카르두의 명소를 찾아보기로 했다. 산 속 깊이 숨어있는 카츄라 호수, 병풍처럼 둘러싼 침봉들을 바라보는 카풀루 마을의 라자성, 인더스 강을 굽어보는 카르포추 성을 둘러보았다. 모두 빼어난 곳이지만 이상하게 감흥이 떨어진다. 이미 KKH의 날타르 호수, 훈자의 발티트성 등을 먼저 보았기에 눈이 높아진 까닭일까.

가장 인상적인 것은 카르포추의 성지기 할아버지였다. 왠지 인상이 좋아 그에게 무조건 짜이를 달라고 했다. 그러자 할아버지는 '이런 놈은 처음 본다'는 표정을 지으면서도 짜이를 내왔다. 그의 취미는 성벽에 앉아 망원경으로 시내를 둘러보는 것이다. 망원경을 바라보다 간혹 누런 이빨을 드러내며 웃는 모습이 예사롭지 않다. 마치 하늘나라 신이 땅의 백성들이 무얼 하나 궁금해 하는 것처럼. 성은 폐허나 다름없지만 인더스강 바로 옆의 산비탈에 세워졌기에 전망 하나는 끝내 준다. 남쪽으로 스카르두 시내가 보이고 그 뒤로는 웅장한 봉우리들이 도열해 있다. 그 뒤로 멀리 설산이 살짝 보이는데, 그곳에 데오사이 고원이 있다. 저곳을 넘으면 낭가파르바트 북면으로 갈 수 있다.

스카르두에서 데오사이를 넘어 낭가파르바트 북면으로 가는 여행자는 많지 않다. 본래 그곳은 길기트에서 아스토르Astor를 경유해 낭가파르바트의

망원경으로 세상 구경을 하는 카라포츄의 성지기 할아버지.

스카루드 시장에서 만난 상인들.

인더스강이 한눈에 조망되는 카라포츄성.

카라포츄성으로 오르는 험한 절벽.

입구인 타라싱Tarashing으로 가는 것이 정석이다. 이 길은 지프로 약 6~7시간 걸린다. 따라서 스카르두를 경유해 낭가파르바트로 가는 먼 길을 택한 것은 전적으로 데오사이 때문이다.

스카르두를 찾는 외국인 관광객은 주로 K2 트레킹 단원들이다. 숙소에서도 일본과 독일인 트레킹팀이 머물고 있었다. K2를 가는 사람이 부러웠지만, 그들은 자유롭게 배낭여행하는 나를 부러워하는 눈치였다. 시장에서 식량을 구입하고 지프를 수배했다. 데오사이에서 야영을 하고 낭가파르바트의 입구인 타라싱까지 가는 조건으로 거금을 투자했다.

안형의 편지

스카르두에서 헤어진 안형은 결국 만나지 못했다. 그는 나보다 며칠 앞서 치트랄과 칼라시 계곡 등을 다녀갔다. 게스트하우스 방명록에 낯익은 그의 이름이 적혀 있었고, 심지어 그가 묵었던 방에 묵기도 했다. 그에게 이메일이 온 것은 한국에 돌아온 지 20여 일이 흐른 뒤였다.

짧은 소식이었지만 그를 다시 만난 듯 반가웠다. 그는 잊을 만하면 소식을 보내왔다. 이란, 터키, 시리아, 이스라엘, 요르단, 레바논, 티베트…… 그의 발걸음은 거침이 없었다. 바람처럼 떠돌며 바람 속에 집을 짓는 사람처럼……

진형
안녕하셨습니까?
파키스탄 여행은 즐거우셨습니까?
저는 테헤란에 있습니다.
언제나 건강하고 행복하십시오.

심샬 트레킹 중인 안형.

스카르두 정보

스카르두는 파키스탄 북부 발티스탄주의 주도로 KKH에서 벗어나 있어 여행자들보다 K2 트레킹과 등반팀이 더 많이 찾는다. 스카르두의 주요 명소는 카츄라와 사파트라 호수, 카르포추 성이다. 스카르두에서 3시간 거리의 카풀루 마을에는 라자성이 유명하다.

교통
길기트→스카르두
길기트 메인버스 정류장에서 스카르두행 미니버스가 수시로 있다. 요금은 120루피. 거리는 170km, 5시간 걸린다.

숙소

배낭여행자 숙소는 가셔브룸 인과 카라코람 인 200~400루피. 중고급은 콩고르디아 호텔 1000~1500루피, PTDC(Pakistan Tourism Development Corporation) K2모텔(파키스탄 관광청에서 운영하는 시설 좋은 호텔) 1500~3000루피. 콩고르디아와 PTDC K2모텔은 인더스강 조망이 좋다.

스카르두 명소 둘러보기

카라포추성은 시내에 있어 걸어가면 된다. 이곳은 17세기 알리 세르 칸Ali Sher Khan이 세운 것으로 추정하고 있다. 성은 자그마한 야산 정상에 있어 20분 걸어야 하고, 인더스강과 스카르두 시내 전망이 기막히다. 입장료는 100루피. 카츄라 호수와 사파트라 호수는 택시를 대절해 다녀온다. 카츄라에는 두 개의 호수가 있는데, 샹그릴라 호텔 앞에 있는 아래 호수보다 뒤에 있는 호수가 더 빼어나고 마을도 아름답다. 비용은 왕복 1000루피 수준.

인더스강 조망이 좋은 카라포츄성.

데오사이 고원

꽃피는 히말라야

알라신의 정원을 하룻밤 빌리다

데오사이로 떠나는 날은 맑았다. 며칠 동안 흐리다가 드디어 날이 갠 것이다. 지프를 몰고 숙소에 찾아온 운전사의 이름은 무사. 호감이 가는 점잖은 친구다. 시내를 벗어나 산길로 접어드니 짜릿한 해방감이 밀려온다. 얼마 만에 스카르두를 벗어나는 것인가. 다시 새로운 모험이 날 기다린다고 생각하니 가슴이 쿵쾅쿵쾅 뛰었다.

계곡을 따라 오르던 지프가 멈춘 곳은 사트파라Satpara 호수. 에메랄드빛 호수가 장관인 이곳은 파키스탄 관광청에서 자랑하는 스카르두의 대표적인 관광지. 호수 주변은 수양버들 같은 나무들로 둘러싸여 있고 아담한 호텔이 자리 잡고 있다.

호수 근처에는 불상이 새겨진 벽이 있다고 했는데, 찾을 수가 없었다. 운전수 무사의 말이 지금은 마모되어 형상을 알아보기 힘들다고 한다. 이 일대는 서기 900년경에 티베트인들이 주축을 이룬 거대한 불교 승원이 있었던 것으로 알려졌다. 간다라 지역과 교류하여 많은 불상들이 바위에 조각되었다고 사학자들은 전한다. 하지만 무슬림의 땅에서 불상이 온전한 모습을 유지하기란

스카르두의 피서지인 사파트라 호수.

쉽지 않다. 무슬림이 우상숭배를 금지한다는 명목으로 많은 불상들을 파괴했기 때문이다. 이곳 불상들의 일부가 물속에 수장되었다고 하니, 언젠가 온전한 그 모습이 드러날 날이 있을 것이다.

 호수를 지나 시나브로 고도를 올리며 서너 개의 모퉁이를 돌아서자 갑자기 하늘이 활짝 열리고 초록 융단이 깔린 완만한 구릉지대가 펼쳐졌다. '와~' 나도 모르게 탄성이 터졌다. 이곳이 데오사이의 입구다. '데오사이 국립공원'을 알리는 간판이 나오고 체크포인트에서 입장료를 받고 있었다.

파키스탄 가이드북에 단골로 나오는 데오사이 발라빠니 캠핑장 앞의 다리.

데오사이Deosai 고원은 '알라신의 정원'으로 불리는 고산 초원지대다. 여름철이면 각양각색의 야생화가 지천으로 깔린다. 우리나라로 치면 백두대간 중에서 초원이 펼쳐진 선자령 일대에 해당한다. 선자령의 고도가 1000m 내외인데 반해, 데오사이 고원은 평균 고도가 4000m가 넘는다. 게다가 면적은 약 7000km²로 우리나라 충청북도 크기(7431.5km²)와 맞먹는다.

데오사이는 산맥 분류상 낭가파르바트와 함께 카라코람 산맥이 아니라 히말라야 산맥The Great Himalaya에 속한다. 인도 북부지역에서 흘러온 히말라야가 인더스강에 의해 끊기기 전 용솟음친 것이 바로 이 지역이다. 그래서 히말라야의 특징인 높고 웅장한 규모가 예외 없이 펼쳐진다.

체크포인트를 지나자 차창 밖으로 황홀한 구릉지대가 흘러간다. 그 모습을 한참동안 쳐다보다가 아뿔싸! 머리를 쥐어박았다. 사실 데오사이 입구에서부터 걸었어야 했다. 천천히 고원의 공기와 꽃바람을 맞으며…… 안타깝게 지나가는 풍경을 바라보다 결국 차를 세웠다. 운전수 무사도 내 마음을 눈치 챘는지 빙그레 웃는다. 천천히 걸으며 사방을 둘러보니 온통 고원의 구릉이 지평선을 이루고 있었다. 만약 도로가 없다면 어디로 가야 하는지 길을 잃을 것이다.

다시 출발한 지프가 멈춘 곳은 발라빠니 캠핑사이트. 데오사이의 중심으로 국립공원의 사무소와 텐트 호텔이 있고, 제법 넓은 계곡이 고원을 가로지른다. 이 계곡에 출렁다리가 놓여 있는데, 지프가 다리를 건너는 모습은 파키스탄 가이드북의 단골 사진이다.

다리 주변이 모두 캠핑 사이트다. 오늘 이곳에서 묵어갈 손님은 오직 나뿐이다. 이 드넓은 데오사이가 나의 집이고, 정원이다. 다리 건너 한적한 곳에 텐트를 쳤다. 그리고 사진을 찍으려고 주변을 둘러보다 좀 높아 보이는 언덕을 향해 가는데, 공원 직원이 나를 불러 세웠다. 내가 가려고 한 곳은 동물보호 구역이라 출입할 수 없다고 한다.

데오사이 고원이 국립공원으로 지정된 이유는 이곳에 서식하는 히말라야 야생동식물들을 보호하기 위해서다. 지구상에서 유일하게 이 지역에만 서식하는 히말라야 황색곰이 있다고 한다. 가죽 때문에 오랫동안 발티스탄 사냥꾼들의 표적이 되어온 황색곰은 30~40마리 정도 남은 것으로 추정된다. 파키스탄 정부는 이 곰들을 적극적으로 보호하기 시작했고 이들 서식지에는 특별히

데오사이 관광에 나선 펀잡 사람들.

데오사이국립공원의 직원들과 함께.

발라빠니 캠핑장의 드넓은 하늘.

가가 없으면 들어갈 수 없다. 그외 인도 여우, 눈표범, 빨간 여우, 골든 마모트가 많이 서식하고, 흐르는 강물에는 눈송어가 무리지어 다닌다.

　주변을 어슬렁거리다 계곡에서 물을 떠 일찍 저녁을 지어먹었다. 그리고 특별히 할 일이 없어 텐트 앞에 앉아 다가오는 일몰을 맞았다. 고도가 높아 바람이 쌀쌀했지만 분위기에 취해 밖에서 조용히 흐르는 강물 소리를 들었다. 내 인생의 황금기가 저 강물처럼 흘러가고 있음을 짐작할 수 있었다.

　한밤중, 소변을 보러 나왔다가 무지막지하게 밝은 별똥별을 보았다. 그동안 내가 보았던 별똥별 중에서 가장 컸다. 별은 하늘에서 폭죽처럼 터진 뒤에 한참 동안 긴 사선을 긋고 사라졌다. 그것은 데오사이가 나에게 준 선물이다. '고마워, 데오!' 데오라는 어감이 참 좋다. 가이드북에 의하면 그 이름은 '강한 영혼'에서 왔다고 한다. 이곳에서 하룻밤 묵으면 나의 영혼도 강해질까?

텐트 속에서 뼛속까지 아리는 새벽 추위에 벌벌 떨었다. 해는 느지막이 7시 30분경에야 떴고, 그제야 추위의 고통에서 벗어날 수 있었다. 얼굴에 햇살을 처음 맞을 때의 따뜻함이란!

세오사르 호수를 지나 타라싱으로

낡은 지프는 결국 말썽을 부렸다. 아침에 무사가 시동을 걸어봤지만 완전 먹통이다. 이 광경을 본 공원 직원들이 몰려와 힘껏 차를 밀었다. 차가 움직이는 것을 동력으로 삼아 시동을 걸려는 것이었다. 서서히 차가 움직이자 차 안에 있던 무사는 필사적으로 시동을 걸었지만 번번이 헛수고였다. 차는 그렇게 두 시간을 씨름하고서야 간신히 부르릉~ 소리를 내며 막혔던 검은 가래를 한꺼번에 토해냈다. 지프의 구동 소리에 모두 환호성을 질렀다. 지프가 살아난 기념으로 그 앞에서 모든 사람들이 단체사진을 찍었다.

다시 끝없는 고원이 이어진다. 두어 시간 달려 도착한 곳은 세오사르 호수 Sheeosar Lake. 호수 주변에는 형형색색의 야생화들이 만발했다. 무사는 차를 세우더니 이곳을 지나면 고원도 끝난다고 했다. 호수 주변을 천천히 걸어 꽃들을 쓰다듬었다. 현지 발티 사람들은 이곳을 '꽃들의 궁전' 즉, 베어샤르 Bhear Sar라고 불렀다고 하니, 참으로 적절한 이름이다. 데오사이에서 꽃이 피는 계절은 7~8월, 사람이 지날 수 있는 달은 6~9월이다. 나머지 계절은 차가운 눈과 얼음의 세계다.

세오사르 호수를 끼고 도는 길.

데오사이를 내려와 타라싱 마을에 도착하니 녹초가 되었다. 낡은 차로 비포장도로를 달리는 것은 걷는 것보다 오히려 더 힘들다. 중간 중간 옥빛 계곡과 언덕 위의 아담한 마을들이 아름다웠지만 차에 시달리느라 제대로 감상할 수 없었다. 낭가파르바트 북면으로 들어가는 입구인 타라싱 마을의 전망 좋은 게스트하우스에 짐을 풀었다.

침대에 쓰러져 잠깐 한숨을 돌리니 그제야 마을 풍경이 눈에 들어왔다. 황금빛 밀이 익어가는 마을은 평화롭고 고즈넉했다. 마을 뒤편으로 무언가 거대

한 것들이 구름 속에 웅크리고 있었는데, 그것이 문제의 낭가파르바트였다. 악명 높은 낭가파르바트의 입구는 예상외로 평화로운 마을이었다.

낭가파르바트는 히말라야 8000m급 14좌 중에서 가장 유명한 봉우리라 해도 과언이 아니다. 1895년 영국의 머메리에 의해 8000m급 봉우리 중에서 가장 먼저 등반이 시도됐고, 1953년 독일의 헤르만 불에 의해 초등되기 전까지 무려 31명의 목숨을 앗아갔다. 세계 등반사에 굵은 획을 그은 머메리, 메르클, 베첸바흐, 불, 그리고 최초의 8000m 14좌 완등자인 메스너까지 모두 낭가파르바트와 운명적인 관계를 맺고 있다.

야생화가 장관을 이루는 세오사르 호수.

데오사이 고원 정보

데오사이는 4000m가 넘는 고원 지대로 여름철에는 야생화가 장관이다. 일반적으로 데오사이를 즐기는 방법은 지프 사파리를 많이 이용한다. 워낙 광범위한 지역이기에 트레킹은 무리다.

교통
대중교통이 없기에 스카르두 혹은 길기트에서 지프를 대절해야 한다. 스카르두↔데오사이 왕복은 7000루피, 스카르두→데오사이→타라싱은 9000~10000루피.

숙소

데오사이에 가면 이곳의 중심지인 발라빠니 캠핑사이트에서 하룻밤 묵는 것이 좋다. 고도가 높아 고소증이 올 수 있지만, 평생 잊지 못할 고원의 하룻밤이 될 것이다. 캠핑 장비가 없으면 데오사이 입구 근처와 발라빠니 캠핑사이트에 천막 호텔을 이용한다. 침낭을 빌려주고, 식사도 가능하다. 1박 500~600루피.

지프로 둘러볼 수 있는 데오사이 고원.

낭가파르바트 루팔

악마의 벽, 낙원의 베이스캠프

이른 아침마다 옷을 벗는 루팔벽

타라싱에서 하루 쉬며 마을을 한 바퀴 돌았다. 바람에 휘날리는 황금빛 밀밭은 참으로 아름답다. 차도르를 쓴 꼬마들은 호기심 반, 두려움 반으로 내 뒤를 졸졸 따라다니고, 어느 집 옥상에서 꼬마들이 나에게 오라며 손짓했다. 그런데 손짓하는 방법이 귀엽고 재미있다. 검지손가락만을 까딱까딱 움직이는 것이다. 그 손짓을 따라가니 멀뚱멀뚱 쳐다보며 웃기만 한다. 속았다! 마치 차라도 한 잔 내오기를 기대했건만…… 귀여운 것들! 오후에는 소나기가 숙소의 양철 지붕을 두들겼다. 처마 밑에서 잠시 비 구경을 했다. 달콤한 시간이 느릿느릿 지나가고 있었다.

다음날, 크고 잘 생긴 말과 말몰이꾼 겸 가이드인 이클라쿠 센과 함께 길을 떠났다. 이곳 포터들은 직접 짐을 지지 않고 노새나 말을 이용한다. 오랫동안 원정대를 상대하면서 쉽게 짐 옮기는 요령을 터득한 것이다.

마을 언덕에 오르면 타라싱 빙하가 나타나면서 본격적인 산길이 시작된다. 언덕에서 바라본 타라싱은 황금빛으로 넘실거렸다. 설산 아래 황금빛은 더욱 풍요롭게 보인다. 타라싱 빙하는 청빙이 아니라 돌과 자갈들이 주종인 모레인

아침 햇살에 눈을 뜬 낭가파르바트 루팔벽의 위용.

지대다. 루팔과 타라싱 마을을 이어주는 유일한 길이 타라싱 빙하로 나있지만 길은 별로 험하지 않다. 나귀에 짐을 실은 주민들이 부지런히 건너다닌다. 30분이면 어렵지 않게 빙하를 건너고 이어 루팔 마을이 눈에 들어온다. 윗루팔과 아랫루팔로 나누어진 루팔 마을은 파키스탄에서 아름다운 마을로 손꼽힌다.

밭에는 밀이 주종이고, 감자, 옥수수 등이 자란다. 길은 돌담을 따라 이어지고, 히잡을 쓴 아낙들이 밭에서 일하고 있다. 평화롭다. 마을의 손바닥만 한 가게에서 사과를 2kg 샀다. 사과는 작고 볼품없어 보였지만 제법 단맛이 났다.

윗루팔 마을의 평화로운 밀밭.

아랫루팔을 지나면 집들 사이로 난 미로 같은 길을 지난다. 강한 바람 때문인지 집은 낮고 돌과 나무로 견고하게 만들었다. 이 길을 통과하면 언덕 아래 윗루팔이 보인다. 볕이 잘 드는 완만한 언덕에 자리 잡은 마을은 목가적인 아름다움으로 눈이 부셨다.

마지막 마을인 윗루팔을 벗어나면 향나무 군락지가 나오고, 완만한 고개를 넘는다. 길은 산허리를 오른쪽으로 돌면서 작은 호수를 내놓는다. 호수 안에는 수초가 그득하다. 호수를 지나면 앞쪽에 무언가 거대한 것이 구름 속에서 웅크린 모습을 보여주다가 갑자기 드넓은 초지가 펼쳐진다. 이곳이 헤르리히코퍼 베이스캠프다. 헤르리히코퍼는 독일의 의사이자 등반가였다. 그는 20회 이상 원정대를 이끌고 찾아왔으니 평생을 낭가파르바트와 함께한 셈이다.

초원 가운데에는 맑은 개울이 흐른다. 텐트를 치니 기다렸다는 듯 소나기가 쏟아졌다. 빗줄기와 강한 바람이 텐트를 사정없이 할퀸다. '킬러 마운틴'인 낭가파르바트가 본색을 드러내는 것일까? 그렇게 3시간 정도 지나니 밖이 잠잠해졌다. 낭가파르바트에 온 신고식을 톡톡히 치렀다.

다음날 새벽, 우르르쾅! 빙하 무너지는 소리가 몇 번 들리고, 이클라쿠 셴이 소리를 지르기에 '무슨 사단이라도 났나?'하고 텐트 문을 여니 맙소사! 여명 속에서 낭가파르바트 루팔벽이 완벽하게 드러났다. 이클라쿠 셴은 루팔벽을 보라고 깨운 것이다. 낭가파르바트 꼭대기는 예리한 삼각형의 바위가 선명하게 보여 쉽게 알아볼 수 있다.

해는 가장 먼저 정상 삼각형을 비추더니 이윽고 얼음과 바위로 이루어진 루팔의 몸을 더듬기 시작한다. 이 강렬한 빛에 얼마나 많은 산악인들이 매혹되었던가? 가장 먼저 낭가파르바트의 치명적 유혹에 넘어간 사람은 머메리였다. 머메리는 '보다 어려운 등반'을 추구한 머메리즘(등로주의, Mumerism)의 선구자답게 1895년 루팔 마을을 찾았다. 유럽의 등반가들이 아직도 알프스에 매달리고 있을 때, 머메리는 눈을 히말라야로 돌린 것이다.

낭가파르바트와 얽힌 운명

산스크리트어로 낭가는 벌거벗은 몸, 파르밧은 산이므로 낭가파르바트는 벌거벗은 산이란 뜻이다. 산이 수직으로 치솟아 눈과 얼음이 붙지 않은 생김새에서 따온 이름이다. 그 이름에서 알 수 있듯이 낭가파르바트의 특징은 수직

맑은 개울이 흐르는 라토바 베이스캠프.

토빈의 드넓은 초지.

으로 치솟은 벽에 있다. 그 벽을 살펴보면 동북쪽에는 라키오트(Rakhiot, 3400m)벽, 남쪽으로는 루팔(Rupal, 4500m)벽, 그리고 서쪽으로는 디아미르(Diamir, 4500m)벽이 있다. 이 중에서 압권은 '수직의 벽'으로 부르는 루팔벽이다. 산의 서쪽 주민들은 이 산을 디아미르Diamir라는 이름으로 부른다. 디아미르는 '신의 산' 혹은 '정령精靈의 산'이라는 뜻이다.

머메리 역시 이곳 캠프장에서 루팔벽을 보았을 것이다. 알프스 일대에서 온 갖 등반 기록을 갈아치운 머메리가 루팔벽을 보았을 때 심정은 어땠을까.

고도차 4500m, 험준한 버트리스(산체를 지지하듯 산정이나 능선을 향해 치닫고 있는 암벽), 단층애, 현수빙하를 거느리는 엄청난 급경사를 이룬 상반부. 아무리 낙천적인 등반가라 할지라도 이 무시무시한 벽 앞에서는 시도라는 말조차 꺼내지 못할 것이다.

—디렌푸르트

불행히도 머메리가 루팔벽을 보고 남긴 기록은 없다. 아마도 독일의 유명한 등반가인 디렌푸르트가 남긴 말처럼 '무시무시한 벽' 앞에서 그저 입만 쩍 벌리지 않았을까.

1895년 머메리는 등반 가능한 루트를 찾아 루팔 마을을 지나 마제노 고개(5399m)를 넘어 디아미르로 이동했다. 그는 디아미르 계곡에서 6100m 지점까지 오른 후에 등반을 포기하고, 디아미르 고개를 넘어 북면인 페어리메도우 방향으로 넘어가다가 홀연히 실종된다. 이것이 당대 최고의 클라이머의 최후였다. 머메리가 낭가파르바트를 등반하면서 아내에게 보낸 편지에는 다음과 같은 구절이 있다. '나는 지금까지 이처럼 물리치기 어려운 매력을 지닌 산을 본 적이 없소.'

머메리가 사라진 후 낭가파르바트는 다시 고요 속으로 들어갔다. 가끔씩 경사면에는 거대한 눈사태가 일어났으며 쓸쓸한 산봉우리에 거센 바람이 휘몰아쳤다. 그렇게 40여 년의 시간이 흐른 1932년, 독일의 빌리 메르클 일행이 낭가파르바트를 찾아온다. 그들은 북면을 통해 등정을 시도하지만 힘없이 실패하고 만다. 그런데 빌리 메르클은 '가장 오르기 쉬운 8000m급 봉우리'라는 성급한 판단을 가지고 독일로 귀국한다. 낭가파르바트를 무대로 일어난 '독일인의 비극'은 여기서부터 시작된다.

1934년 빌리 메르클 대장이 이끄는 대규모 원정대는 당시 최고 등반가이자 이론가인 베첸바흐를 포함한 이른바 드림팀이었지만 결과는 참담했다. 빌리 메르클, 베첸바흐를 비롯한 10명이 2주일이나 지속되는 폭풍설 속에서 대참

샤이기리에서 본 루팔벽.

사를 당한다. 이어 1937년에 꾸려진 원정대는 히말라야 등반사상 최대인 16명, 원정대 전원이 눈사태로 목숨을 잃었다. 이러한 일련의 비극으로 독일에서 낭가파르바트를 '독일인의 운명의 산' 혹은 '죽음의 산Killer Mountain'으로 부르게 되었다.

낭가파르바트를 향한 빌리 메르클의 유지는 그의 이복동생인 헤르리히코퍼가 이어받는다. 그는 1953년 빌리 메르클 추모 원정대를 조직한다. 7월 3일, 6900m의 마지막 캠프를 떠난 헤르만 불은 정상 등정을 포기하라는 원정

대장의 명령을 어기고 단독으로 낭가파르바트 정상에 오르는 쾌거를 이룩한다. 그는 6900m의 5캠프를 떠나 8125m 정상까지 표고차 1225m, 수평거리 6km를 17시간에 오르는 괴력을 발휘했다.

하지만 문제는 하산이었다. 그는 침낭과 텐트도 없이 8000m 높이에서 비박을 시도한다. 히말라야에서 이루어진 최초의 단독등반과 비박 기록을 세운 것이다. 그가 베이스캠프로 무사귀환하여 찍은 사진은 지금까지도 널리 회자되고 있다. 사진 속의 불은 80세의 노인처럼 팍삭 늙어 버렸던 것이다.

헤르리히코퍼는 낭가파르바트 초등에 만족하지 않았다. 당시 등반 기술로는 엄두도 낼 수 없었던 루팔벽 직등이라는 야심 찬 계획을 세운다. 이 불가능한 도전은 1970년 '세기의 철인'이라 불리는 라인홀트 메스너에 의해 기적적으로 실현된다. 메스너는 루팔벽을 오른 후에 디아미르 서벽으로 내려오는 대기록을 세우지만, 안타깝게도 당시 등반 파트너였던 동생 귄터 메스너를 잃고 만다.

메스너는 평생 동생을 잃었다는 자책과 주변의 손가락질 속에서 괴로워했지만 히말라야 등반을 멈추지 않았다. 결국 메스너는 낭가파르바트 루팔벽을 시작으로 1986년 로체에 오르면서 '인류 최초 8000m급 14좌 완등'이라는 전대미문의 기록을 세우게 된다.

낙원에서 낙원으로, 라토바

오전 9시가 넘자 루팔벽은 구름 속으로 숨는다. 베이스캠프에서 빙퇴석 지대를 올라서면 제법 넓은 바진 빙하가 시작된다. 이 빙하는 낭가파르바트 주봉과 라이코트 사이에서 만들어진 거대한 얼음의 강이다. 빙하를 건너다보면 돌과 자갈 밑에 웅크리고 있는 얼음을 볼 수 있다. 물이 고여 작은 호수를 이룬

곳도 보인다. 빙하가 끝나는 지점은 제법 높아 전망이 좋다.

이곳을 내려서면 드넓은 초원인 토빈이다. 맑은 냇물이 초원 가운데 흐르고, 양과 야크들이 한가로이 풀을 뜯고 있다. 토빈을 지나면 나타나는 라토바는 루팔 코스를 통틀어 가장 아름다운 캠프사이트다. 마치 장욱진 화가의 그림 속에 나오는 뭉툭한 나무들이 계곡을 가득 메웠고, 드넓은 초지에서는 맑은 냇물이 흘러내려 왔다. 구름 속에 웅크리고 있는 루팔벽이 이 천국 같은 풍경의 배경이다.

라토바에서 계곡을 건너 샤이기리로 향한다. 샤이기리 직전에 목동들이 사는 마을을 지나는데 꼬마 녀석들이 길을 막았다. 그리고는 여자아이를 가리켰다. 자세히 보니 얼굴에 상처가 있었다. 연고를 발라주니 웃으며 도망친다. 목동 마을을 지나 큰 계곡을 건너면 커다란 바위가 놓여 있는 샤이기리다. 샤이기리는 작은 언덕에 있어 제법 바람이 세다. 언덕을 내려오면 맑은 식수가 흐르고 바람이 잠잠한 캠프사이트가 나온다.

캠프사이트 위로는 거대한 루팔 빙하가 끝없이 펼쳐진다. 마제노 고개를 넘으려면 여기서 빙하를 따라야 한다. 루팔 트레킹 코스는 샤이기리가 종착점이다. 텐트를 치고 쉬었다가 언덕에 올라 노을을 맞았다. 루팔벽과 주변 산이 은은한 노을빛에 젖는다. 루팔에서의 마지막 밤을 아쉬워하며 센과 함께 모닥불을 피우고 노래를 불렀다.

다음날, 샤이기리에서 타라싱까지 한 번에 내려왔다. 올라갈 때는 이틀 걸리지만 내려올 때는 하루면 족하다. 하산길에 윗루팔의 아낙들과 동행이 되었다. 그 중에 아이가 둘이나 되는 젊은 아낙은 무슬림답지 않게 사교성이 좋고 호기심이 많아 금방 친해졌다. 그들은 타라싱으로 밭일 하러 간다고 했다. 밭이 타라싱에 있으니 매일같이 루팔과 타라싱을 오르내려야 한다. 매일 쳐

개구쟁이 목동 청년들.

빙하를 건너 땔감을 구해오는 노인.

샤이기리 마을의 귀여운 아이들.

장욱진 그림에 나오는 뭉툭한 나무들이 이색적인 라토비.

초록 양탄자를 깔아놓은 듯한 헤르리코프 베이스캠프는 루팔벽이 장관으로 펼쳐진다.

다보는 낭가파르바트는 그들에게 어떻게 보일까. 그저 꽤 높은 동네 뒷산은 아닐까?

메스너를 웃기다

숙소에 내려오니 뜻밖에 반가운 사람이 와 있었다. 김창호 씨다. 어디선가 한 번 만나겠지 했는데, 이곳에서 딱 마주친 것이다. 그는 파키스탄에 정통한 산악인이다. 내가 파키스탄 여행을 준비하면서 그를 만나 조언을 구한 적이 있었다. 김창호 씨는 자기도 파키스탄에 있을 거라며 어디선가 만날 것이라고 했다.

김창호 씨는 루팔과 인연이 깊다. 메스너 이후에 루팔벽을 성공한 유일한 사람이기 때문이다. 그는 놀라운 소식을 들려줬다. 메스너가 지금 이곳으로 오고 있다는 것이다. 이게 웬일인가? 세계 산악인들의 영웅 메스너를 만나다니…… 낭가파르바트 앞에서 지금까지 루팔벽 등정에 성공한 유일한 두 사람을 함께 만나는 것이다. 정말 복이 터졌다.

마을이 시끌시끌하더니, 지프 행렬이 보이기 시작했다. 메스너는 가족들과 함께 대부대를 이끌고 왔다. 김창호 씨는 안면이 있는 듯 메스너와 이런저런 이야기를 나눴다. 그가 나를 메스너에게 소개해줬다. 인사를 나누고 사진을 찍었는데, 이때 내가 메스너를 웃겼다. 그의 인상이 굳어졌기래, "원 투, 에이~ 스마일" 했더니 잠깐 웃다가 인상이 도로 굳어졌다. 어이가 없어 지은 '썩소'인지 잘 모르겠지만, 아무튼 험상궂은 메스너를 내가 웃겼다.

메스너는 인상이 험하고 사람을 가려서 만나기에 별로 정이 가지 않는다. 하지만 산을 향한 그의 고집스러운 자세는 마음에 든다. 그는 부와 명예를 위해 등반하지 않고 자신의 내면적 이유에 의해 산에 올랐다. 대규모 원정대가 주종을 이루는 등반 방식을 버리고, 알프스에서처럼 2~3명 파트너가 속전속결로 오르는 알파인 스타일을 적용하는 창의성을 발휘하기도 했다. 또한 많은 저술을 통해 철학자 못지않은 삶과 죽음에 대한 통찰을 보여주기도 했다.

나는 산을 정복하려고 이곳에 온 것이 아니다. 또 영웅이 되어 돌아가기 위해서도 아니다. 나는 두려움을 통해서 이 세계를 새롭게 알고 싶고 느끼고 싶다. 물론 지금은 혼자 있는 것도 두렵지 않다. 이 높은 곳에서는 아무도 만날

루팔벽을 오른 메스너와 김창호 씨(오른쪽).

수 없다는 사실이 오히려 나를 지탱해 준다. 고독은 더 이상 파멸을 의미하지 않는다. 이 고독 속에서 나는 새로운 자신을 얻게 되었다.

고독이란 정녕 이토록 달라지는 것인가. 지난 날 그렇게도 침통하던 이별(부인이었던 우쉬와의 이별)이 이제 자유를 뜻하는 것을 알았다. 그것은 내 인생에서 처음 체득한 흰 고독이었다. 이제 고독은 더 이상 두려움이 아닌 나의 힘이다.

─메스너 『검은 고독, 흰 고독』 중에서

메스너는 1978년 5월, 세상을 깜짝 놀라게 한다. 모두 불가능하다고 했던 무산소 에베레스트 등정을 이룩한 것이다. 그리고 6주 후에 홀로 낭가파르바트로 훌쩍 떠난다. 그에게 중요한 것은 에베레스트가 아니라 낭가파르바트였다.

메스너를 구경하는 마을 사람들.

낭가파르바트는 메스너에게 '내 생애에서 가장 혹독한 체험'의 공간이자 '늘 삶과 죽음의 경계에서 살아가야 했던 나의 정체성이 시작된 비극'의 현장이었다. 메스너의 위대한 점이 바로 이 지점이 아닐까? 자신의 첫 8000m급 봉우리, 동생을 잃고 간신히 목숨을 건진 악몽같은 낭가파르바트와 정면으로 맞섰다는 것.

메스너의 낭가파르바트 단독등반 기록이 그 유명한 『검은 고독, 흰 고독(원제-낭가파르바트 단독행)』이다. 메스너는 낭가파르바트 단독 등정을 통해 고독

붙임성이 좋았던 루팔 마을의 여인.

속에서 자신의 존재를 발견하게 된다. 메스너는 이를 '흰 고독'이라 했고, 예전 자신을 파멸과 죽음으로 몰고 가는 고독을 '검은 고독'이라 불렀다. 낭가파르바트 단독등반 성공으로 메스너는 악몽의 과거에서 벗어날 수 있었고, 한편으로 전대미문의 8000m급 봉우리 단독등반이라는 세계 등반사의 쾌거를 이룩하게 된다.

메스너가 루팔마을에 온 이유는 '메스너 재단'에서 건립하고 있는 학교와 병원 등을 둘러보기 위해서다. 메스너는 루팔벽을 오르고 하산하다 동생을 잃고, 자신 역시 죽음의 문턱에서 양치기에게 발견돼 간신히 목숨을 건진 경험이 있다. 메스너는 이곳 사람들에 대한 애정이 깊다. 그래서 이렇게 좋은 일을 많이 하는 것이다.

메스너와 헤어져 숙소에서 낭가파르바트의 마지막 밤을 만끽하다가 김창

나귀와 함께 포터 일을 시작한 타라싱 마을 소년.

호 씨가 대절해 온 지프를 얻어 타고 길기트로 돌아왔다. 깊은 어둠 속을 달리면서 홀로 낭가파르바트 루팔벽에 붙어 있는 메스너가 떠올랐다. 그는 혼자서 수직의 빙벽을 기어오르고 있었다. 그 모습에서 '운명'이란 단어가 떠올랐다. 어느 지향점을 향해 홀로 올라야 하는 산악인, 나아가 모든 인간의 운명이리라. 낭가파르바트와 메스너가 점점 어둠 속으로 사라지고 길기트로 가는 희미한 길이 끝없이 이어져 있었다.

낭가파르바트 루팔 트레킹 정보

루팔은 길기트 및 디아미르 지역에 속한다. 히말라야 8000m급 14좌 봉우리 중에서 가장 쉽고 빠르게 베이스캠프에 도달할 수 있다. 헤르리히코퍼, 라토바, 샤이기리 이상 3개의 베이스캠프를 차례로 거치게 된다. 모든 캠프지에 맑은 물이 흐르고 드넓은 초원이 펼쳐져 아름답다. 캠프지에서 4500m 치솟은 낭가파르바트 루팔벽을 보는 맛은 이곳에서만 누릴 수 있는 축복이다.

루팔 코스는 총 37km, 2박 3일 걸린다. 루팔 마을에서는 주민을 반드시 가이드나 포터를 고용해야 트레킹을 할 수 있다. 시간이 없으면 헤르리히코퍼 베이스캠프에서 하룻밤 자고 하산하는 1박 2일 코스도 가능하다.

일정 개요

일정	코스(높이)	거리(km)	시간
1일	길기트(1494m)→타라싱(2911m)		7(지프)
2일	타라싱→헤르리히코퍼 베이스캠프(3550m)	10	5
3일	헤르리히코퍼 베이스캠프→샤이기리(3655m)	8.5	4
4일	샤이기리→타라싱	18.5	7
5일	타라싱→길기트		7(지프)

교통

길기트에서 지프를 대절해 아스토르를 거쳐 타라싱으로 들어가는 것이 정석이다. 길기트에서 아스토르행 대중교통이 있지만 불규칙하기에 전세 지프를 빌리는 것이 좋다. 길기트→타라싱 전세 지프 3000루피. 시간 여유가 있으면 필자처럼 스카르두에서 데오사이를 넘어 타라싱으로 들어갈 것을 권한다.

숙소와 식당

타라싱에는 낭가파르바트 호텔과 뉴 루팔 호텔이 있다. 두 곳 모두 전망이 좋은데, 뉴 루팔 호텔이 싸고 아늑하다. 1박 400~600루피.

가이드와 포터

타라싱의 게스트하우스에서 구한다. 가이드는 필요 없고, 포터만 구하면 된다. 타라싱은 포터가 짐을 지지 않고 말이나 나귀로 옮긴다. 타라싱↔샤이기리 왕복 6스테이지. 1스테이지에 280~300루피.

두 개의 호텔 중에 저렴한 뉴루팔 호텔.

루팔에서는 말이나 나귀가 포터 역할을 한다.

비용

길기트↔타라싱 왕복 6000루피(전세 지프). 포터 임금: 300(1스테이지)×6(스테이지 총합)+300(보너스)=2100루피. 호텔 2박과 식사 1500루피. 총합은 9600루피(약 153,600원).

일정별 가이드

1일 길기트(1494m)→타라싱(2911m)

전세 지프로 타라싱까지 이동한다. 길이 매우 험하고, 7시간 이상 걸린다. 길기트 마디나 호텔에서 지프를 구할 수 있다. 길기트→타라싱 3000루피.

헤르리코프 베이스캠프.

2일 타라싱→헤르리히코퍼 베이스캠프(3550m)

아름다운 루팔 마을을 지나 4500m 루팔벽이 보이는 황홀한 캠프지에 묵는다. 타라싱 마을 언덕에 오르면 전망이 좋고, 이곳에서 타라싱 빙하가 시작된다. 20분 정도 빙하를 건너면 루팔 마을이 나타난다. 마을을 벗어나면 향나무 군락지대가 나온다. 완만한 고개를 넘으면 작은 호수를 만나고, 이어 연녹색 융단을 깔아놓은 것처럼 아름다운 헤르리히코퍼 베이스캠프가 펼쳐진다. 캠프지 너머로 구름 속에서 루팔벽이 웅크리고 있다. 루팔벽은 새벽부터 오전 9시 전까지 선명한 모습을 볼 수 있다. 9시가 넘으면 구름 속으로 들어간다. 고도는 639m 오른다.

3일 헤르리히코퍼 베이스캠프→샤이기리(3655m)

캠프지에서 150m 정도 언덕을 오르면 바진 빙하가 시작된다. 빙하는 제법 길어 40~50분 걸린다. 주민들이 많이 다니므로 길 찾기는 어렵지 않다. 빙하가 끝나는 지점인 언덕은 전망이 좋다. 언덕을 내려오면 아름다운 토빈 초원이 펼쳐지고, 개울을 건너 20분 가면 라토바가 나온다. 라토바는 루팔 코스를 통틀어 가장 아름다운 캠프지다.

라토바에서 충분히 쉬면서 풍경을 즐기고, 계곡을 건너 샤이기리로 향한다. 목동 마을에서 계곡을 건너면 큰 바위가 이정표 역할을 하는 샤이기리다. 길을 따라 계속 나아가면 캠프지가 끝나면서 빙하가 시작되는 지점을 만난다. 이곳에 맑은 물이 샘솟는다. 고도는 105m 오른다.

4일 샤이기리→라토바→타라싱

일정에 여유가 있으면 라토바에서 하루 묵고 다음날 천천히 타라싱으로 내려오면 세 개의 베이스캠프에서 모두 묵을 수 있다. 샤이기리에서 타라싱까지는 하루 만에 내려올 수 있다.

5일 타라싱→길기트

타라싱에서 하루 묵고 다음날 예약한 전세 지프로 길기트으로 돌아온다. 지프는 게스트하우스를 통해 예약한다. 간혹 5000루피라고 바가지를 씌울 수 있으나 일반적인 요금은 3000루피다.

3
칼라시 계곡

아프카니스탄

판다르

강물처럼 투명한 마을

산으로 둘러싸인 강물

김창호 씨와 길기트 버스정류장에서 헤어졌다. 그는 고국으로 돌아간다며 남쪽 이슬라마바드로 내려갔고, 나는 다시 북쪽으로 길을 잡았다. 마지막으로 훈자에 들렀다가 치트랄로 갈 생각이다. 치트랄에 가면 다시 훈자를 만날 수 없기 때문이다.

훈자에 도착해서 간만에 늦게까지 잠을 잤다. 몸과 마음이 편해서 그런지 집과 가족이 생각났다. 그리고 다시 훈자의 '나른한 유혹'에 시달렸다. 이번에는 강도가 좀 셌다. 베란다에서 라카포시를 바라보고 있는데, 달콤한 목소리가 귓가에서 속삭인다.

"치트랄 여행을 포기하세요~ 내 품에 오래 머무세요~"

정말 그러고 싶었다. 설렁설렁 훈자강 건너편 나가르 마을을 산책하며 쉬다가 집으로 돌아가면 얼마나 편할까. 저번처럼 식중독이라도 걸리면 큰일이 아닌가. 아! 안락함이란 여행자에게 약인가 독인가?

훈자를 떠나기로 마음먹은 날, 마침 내리는 비를 핑계 삼아 하루를 더 쉬고 다음날 일찍 짐을 꾸렸다. 이어 길기트에서 하루 묵으며 마디나 게스트하우스

판다르로 가는 버스에서 내려 기도를 올리는 무슬림 순례자들.

식구들과 인사를 나누고 마스튜지로 가는 버스에 몸을 실었다. 마디나의 직원인 일리야드가 버스정류장까지 배웅을 나왔다. 처음으로 날타르 마을에 갈 때도 우리는 이렇게 함께 걸었다. 마디나 게스트하우스에 이래저래 정이 많이 들었다.

"친구! 다음에 또 만나자고……" 우리는 서로 얼싸 안았다. 이제 길기트는 안녕이다. 판다르와 마스튜지에서 하루 묵었다가 치트랄로 향할 것이다.

길은 길기트에서 서쪽으로 뻗어 있고 길기트강을 거슬러 이어진다. 버스는 가구치에서 차 안이 터지도록 사람을 태웠다. 버스는 가구치를 지나면서 유연한 강물을 오른쪽에 끼고 달렸다. 협곡을 흐르는 강은 우리나라 동강처럼 아름답다. 큰 마을인 구피스를 지나자 갑자기 승객들이 우르르 내린다. 그 중 일부가 도로에 천을 깔아놓고 기도를 올린다.

"저 사람들은 이슬람 순례자에요."

같이 구경하던 옆 사람이 알려준다. 기도 시간이 된 것이다.

10시 40분 길기트에서 출발한 버스는 오후 6시가 되어서야 판다르 마을에 이르렀다. 판다르가 가까워 오자 승객들의 얼굴에는 웃음이 가득하다. 특히 파워 핸들이 아니라 커브를 틀 때마다 힘들게 핸들을 돌리던 기사 아저씨가 애들처럼 좋아한다.

버스는 나와 짐을 내려놓고 뽀얀 흙먼지를 날리며 사라졌다. 다시 외톨이가 된 느낌이다. 어디로 가야 하나? 일단 숙소를 찾아보자. 주변을 어슬렁거렸더니 아이들 몇 명이 관심을 보이며 손가락으로 앞쪽을 가리켰다. 그곳을 따르자 게스트하우스를 알리는 간판이 서 있다.

세르발에서 만난 아름다운 가족

판다르는 카라코람 산맥 안에 숨겨진 강마을이다. 보통 여행자들은 길기트에서 마스튜지까지 하루 종일 버스를 타고 이동하기 때문에 판다르를 그냥 통과한다. 하지만 나는 판다르에서 하루 묵어가기로 했다. 파키스탄 자료 조사를 하면서 에메랄드빛 옥빛 강물이 마을을 굽이굽이 적시는 감동적인 사진을 발견했다. 그곳이 바로 판다르다. 급할 것은 없었다. 이왕 나선 길, 구석구석 둘러봐야 나중에 후회가 없는 법.

놀랍게도 저녁 반찬으로 무지개송어 구이가 나왔다. 게스트하우스의 주인

옥빛 강물이 그림처럼 흐르는 판다르강.

서정적인 분위기가 물씬 나는 판다르 강변길.

장인 샤라즈가 특별 메뉴라고 내놓은 것이다. 얼마 만에 먹어보는 생선인가? 눈물이 날 정도로 기뻤다. 송어는 혀에서 스르르 녹았다. 참을 수가 없었다. 판다르 입성 기념인지, 송어 안주 때문인지 팩소주를 꺼내 샤라즈와 나누어 먹었다. 샤라즈는 소주 맛이 좋다며 송어 한 마리를 더 내왔다. 숙소는 허름하고 청소한 흔적은 거의 없었지만 송어 때문에 모든 걸 용서하기로 했다. 판다르 사람들은 다른 무슬림과 다르게 민물고기를 즐겨 먹는 것을 감사하게 생각하며……

투박한 미소가 좋은 세르발 마을 주민.

세르발의 천사 같은 아이들.

판다르의 아이들.

아버지와 아들이 감자밭에서 일하고 있다.

다음날 아침 식사 후에 샤라즈는 윗마을인 세르발에 가자고 내 손을 이끌었다. 어젯밤, 술친구가 된 덕분인지 살갑게 대한다. 숙소에서 조금 올라가자 시야가 툭 트이면서 판다르강이 잘 보였다. 험준한 산속에 이렇게 동화같이 예쁜 강물이 흐를 줄 누가 알았을까. 밭에서 만난 아이들은 옥빛 강물처럼 눈부셨다. 차도르 대신 수건을 쓴 아이가 수줍어하며 언니 뒤에 숨는다. 그 얼굴이 참 맑다.

작은 학교를 지나 샤라즈는 어느 가정집으로 들어갔다. 마침 한 가족이 차

세르발 마을에서 만난 인상적인 가족.

를 마시다가 느닷없이 나타난 손님을 반겨주었다. 할머니 한 분에 아이들이 많은 대가족이다. 사람들이 참 예쁘고 친절하다. 고마움에 보답하고자 가족사진을 찍었다. 사진에는 아이에게 젖을 물리는 엄마의 모습이 그대로 나왔다. 이 세상에서 가족의 모습처럼 따뜻하고 포근한 게 또 있을까. 나는 이 사진을 마치 나의 가족사진처럼 소중하게 간직하고 있다.

"티케"

파키스탄 사람들이 이야기하는 걸 주의 깊게 들어보면 중간 중간 "티케"라는 재미있는 말이 들린다. '티케' 이것은 일종의 맞장구다. 이야기를 듣는 사람이 중간 중간 "티케, 티케"하며 흥을 돋운다. 이때 '티케' 하는 사람의 표정도 아주 해학적이고 정겹다.

'티케' 란 우루두어는 여러 가지 경우에 쓰인다. 그렇다, 그것으로 됐다, 기분이 좋다, 만사 순조롭다 등의 뜻이 된다. 말하기에 따라 그 뜻이 달라지며 대체로 긍정적으로 어떤 상태를 인정하는 뜻이 된다. 파키스탄을 여행하며 현지인들과 이야기 나눌 기회가 있다면 '티케'를 써 먹어보자. 현지인들은 깜짝 놀라며 더욱 친근하게 맞아줄 것이다.

누락

판다르 정보

판다르는 길기트와 마스튜지 중간 지점에 있는 조용한 강마을이다. 이곳은 유장한 곡선을 그리며 흐르는 옥빛 판다르 강이 아름답고 마을 주민들은 친절하다. 대개 여행자들은 길기트에서 마스튜지까지 운행하는 버스를 타고 하루에 주파하지만, 판다르에서 하루 묵어갈 것을 권한다.

판다르강.

교통

길기트 푸니알 로드 버스정류장에서 길기트→마스튜지행 버스는 오전 8시, 길기트→판다르행 버스는 오전 10시에 있다. 길기트에서 판다르까지 요금은 150루피. 7시간 정도 걸린다.

판다르 윗마을인 세르발의 아름다운 풍경.

숙소

사다바하르 호텔에 묵으면 주인장인 샤라즈 칸과 함께 언덕에 자리 잡은 세르발을 산책을 할 수 있다. 숙박비는 300~400루피. 판다르 PTDC 모텔은 판다르 호수가 내려 보이는 멋진 곳에 자리 잡았다. 1박에 1300~1500루피.

판다르 PTDC호텔.

마스튜지

대평원 산두르 고개를 넘어

장엄한 고원, 산두르 고개

세르발 마을과 판다르를 산책하고 샤라즈에게 부탁해 지프를 대절했다. 산두르 고개를 넘어 마스튜지로 가기 위해서다. 풍경 좋은 곳에 내려 사진도 찍고 충분히 경치를 감상하기 위해 투자를 했다. 마호메트는 프랜들리 요금이라며 500루피를 깎아 3500루피를 받았다. 파키스탄을 여행하다 보면 간혹 프랜들리 요금이라는 말을 듣는다. 이것은 친한 여행자들에게 요금을 깎아 주는 것이다. 마음을 열고 현지인들과 친구처럼 잘 지내면 여행 경비도 줄일 수 있으니 꿩 먹고 알 먹는 셈이다. 사실 현지인과 여행자들은 서로 뗄 수 없는 친구와 같은 존재다.

판다르를 지나서도 아름다운 강줄기를 따라 평화로운 마을이 한동안 이어졌다. 그러다 지프가 갑자기 오른쪽으로 90도 꺾는다. 산두르 고개가 시작되는 지점이다. 길은 잠시 오르막으로 이어지다가 광활한 대평원이 나타났다. 30분을 넘게 달려도 평평한 고원은 끝없이 펼쳐졌다. 그만큼 산두르 고개는 완만한 대평원이다. 파키스탄 우르두어로 이처럼 평평한 고원을 마이단 Maidan이라 한다. 여행 중에 마이단이란 말을 들으면 풍광이 빼어난 평탄한

산두르 고개를 넘는 목동들.

고원을 생각하면 틀림없다.

   고도가 점점 올라갈수록 풍광도 빼어나게 변했다. 마치 산들은 심샬 파미르처럼 붉은빛과 초록빛을 내뿜었고, 어느 순간 드넓은 호수가 나타났다. 산두르 고개 정상에 있는 산두르 호수다. 호수는 연중 수량의 차이가 거의 없다고 한다. 호수 옆에는 그 유명한 산두르 폴로 경기장이 보인다. 매년 7월에 길기트와 치트랄 사람들은 이곳에서 폴로 경기를 갖는다. 그때가 되면 산두르 고개는 사람들로 인산인해를 이룬다. 멀고 험한 길을 마다하지 않을 만큼 폴로

길기트에서 마스튜지로 가는 길에 만난 산두르 호수.

산두르 고개를 운행하는 대중교통 지프.

는 파키스탄 북부지역의 인기 스포츠다.

　이미 심샬 파미르와 데오사이를 다녀왔지만 산두르 고개의 풍광은 놀랍도록 아름다웠다. 트레킹 경험이 없는 배낭여행자들에게 산두르 고개를 넘는 일은 정말 특별하고 놀라운 경험이 될 것이다. 정상 매점에서 짜파티와 짜이로 간단하게 요기를 하며 산두르 고원의 오후를 만끽했다. 고원을 내려오면서 자꾸 뒤를 돌아보았다.

세 갈래 길, 세 가지 바람

산두르 고개를 내려와 저물 무렵, 마스튜지에 닿았다. 샤라즈가 소개해준 투어리스트 가든 게스트하우스를 찾아 책임자인 자팔을 만났다. 마호메트가 소개해줬다고 하니 기분 좋게 웃는다.

자팔과 함께 저녁을 먹고 조그만 정원에 앉으니 상쾌한 바람이 분다. 가만히 눈을 감고 바람을 느끼고 있으니 자팔이 와서 묻는다.

"마스튜지 느낌이 어때요?"

"바람이 아주 달콤한 곳이군요."

내 대답에 흡족했는지, 술을 내오면서 한 잔 하자고 한다. 술은 위스키처럼 독했다.

"마스튜지에는 세 갈래 길이 있고, 세 곳에서 바람이 불어요. 하나는 치트랄, 다른 하나는 산두르 고개, 나머지는 브로길 고개입니다."

내 살갗을 어루만진 바람은 어느 곳에서 온 것일까? 그토록 가고 싶었던 브로길 고개에서 내려온 것은 아닐까.

"이곳에서 출발하면 아무 문제없어요."

길기트에서 카람바르 고개를 넘어 브로길 고개로 가려다 탈레반 출몰로 포기했다고 하자 되돌아온 대답이다. 잠깐 망설였지만, 브로길 고개 답사는 곧바로 포기하고 말았다. 식량도 체력도 바닥이 났고, 집으로 되돌아갈 날짜가 얼마 남지 않았다.

오늘 지프 안에서 들었던 음악이 마음에 들어 자팔에게 물어보니, 눈이 동그래지더니 음악을 틀어준다. 점점 밤이 깊고 취기가 돌면서 우리는 서로 고래고래 악을 쓰며 노래를 불렀다. 덕분에 다음날 떠나려는 계획은 하루 연장되었다.

마스튜지에서 바라본 힌두쿠시 산맥의 최고봉 티리츠미르.

자팔은 참으로 독특한 친구다. 매일 저녁 하시시와 술을 탐닉하지만 그만큼 고요와 꽃을 사랑한다. 저녁은 항상 여행자들과 함께 먹고 게스트하우스에서 함께 자지만 다음날 아침이면 말쑥하게 차려입고 직장에 나간다.

자팔과 함께 아직까지 왕족이 사는 마스튜지 성과 마스튜지 뒷산인 동키 언덕을 산책했다. 동키 언덕은 당나귀를 닮은 바위 이름인데 힌두쿠시의 최고봉 티리츠미르가 잘 보였다. 이곳에서 치트랄로 향하는 야쿤강과 티리츠미르에서 노을이 물드는 장관을 오랫동안 지켜보다 내려왔다.

마스튜지 성으로 가는 길.

  자팔은 하루 더 묵어 고맙다고 했다. 대개 여행자들이 밤늦게 도착해 다음 날 일찍 떠나기에 서운했다고 한다. 그날 밤 우리는 예외 없이 술과 춤을 즐겼다. 음악 리듬에 맞춰 마치 처용 같은 표정으로 춤을 추는 자팔의 얼굴이 인상적이었다. 노래의 가사는 이별에 대한 내용이 대부분이었는데, '그대가 떠나면 나는 얼굴도, 머리도 없어요, 아무것도 없어요……' 자팔이 알려준 노래 가사는 매우 시적이었다. 마스튜지는 세 가지 바람과 함께 자팔이 오랫동안 기억에 남을 것이다.

마스튜지 정보

드넓은 고원인 산두르 고개.

마스튜지(2400m)는 산두르 고개를 내려오면 만나는 고요하고 신선한 바람이 부는 마을이다. 예전에는 독립된 왕국이었고 아직까지 마스튜지 성에 왕족들이 살고 있다. 예전에는 치트랄과 브로길 고개를 연결하는 실크로드 교통의 요지였다. 보통 여행자들은 길기트에서 마스튜지로 와서 하루 묵고 아침에 치트랄로 떠난다. 시간 여유가 있으면 하루 묵으면서 마을을 둘러보는 것이 좋겠다.

게스트하우스 주인 자팔.

지프를 대절해 산두르 고개를 넘는 것이 좋다.

숙소

투어리스트 가든 게스트하우스는 여행자들에게 유명한 숙소다. 이곳 매니저인 자팔은 매력적인 사람이다. 1박 400루피. 마스튜지 PTDC 모텔은 1300~1500루피.

교통

판다르에서 하루 묵었으면 마스튜지까지 전세 지프를 이용하는 것이 좋다. 요금은 3500~4000루피. 대중교통은 오후 3시경에 길기트에서 온 버스가 판다르를 지난다.

치트랄
힌두쿠시로 들어가는 관문

치트랄로 가는 최악의 길

마스튜지에서 치트랄로 가는 비포장길은 최악이었다. 야쿤강을 따라 티리츠 미르를 바라보며 가는 풍경은 좋았지만, 몸이 튀어 오르느라 정신이 혼미했다. 마스튜지에서 부니까지 거리는 32km에 불과하지만 2시간이 넘게 걸렸다. 부니에 이르러서야 비로소 길은 포장으로 바뀌었다. 치트랄에 도착하니 몸이 그야말로 파김치다. 정말로 파키스탄 북부지역에서는 산길을 걷는 것보다 지프로 이동하는 것이 더 힘들다.

   치트랄의 치나드 인에 묵었는데, 숙소 건물 앞에 작은 정원이 좋았다. 정원에 나와 늦은 점심을 먹는데 건너편 열린 방문으로 전통 복장을 한 칼라시 여인이 보인다. 나와 눈이 마주치자 빙그레 눈인사를 건넨다. 칼라시 여인이 예쁘다는 말은 들었지만 직접 보니 정말로 아름다웠다. 작고 길쭉한 얼굴형에 파란 눈동자, 큰 쌍꺼풀에 오똑한 콧날. 아시아계가 아닌 유럽 인종 중에서 꼭 그리스 사람들처럼 보인다. 방 안에서 남편으로 보이는 사내가 목소리를 높이더니 거칠게 방문을 닫는다.

   칼라시 계곡의 거점도시인 치트랄은 북동쪽으로 힌두쿠시 산맥이, 동쪽과

설산이 기막히게 펼쳐지는 치트랄 가는 길

남쪽은 힌두라지 산맥이, 서쪽은 아프가니스탄의 국경이 막고 있는 산악도시다. 외부로 연결된 도로는 동쪽 산두르 고개와 남쪽 로왈리 고개(3118m)가 유일하다. 따라서 외부에서 치트랄로 들어오려면 산두르 혹은 로왈리 고개를 넘어야 한다. 두 고개는 대략 10월에서 4월까지 눈으로 덮여 통행이 불가능하다. 따라서 1년에 6개월 정도만 길이 열리는 셈이다.

설산이 거먹하게 펼쳐지는 치트랄 가는 길

유서 깊은 치트랄 모스크. 뒤로 티리츠미르가 보인다.

산으로 뒤덮인 북서변경주의 수도

파키스탄 북서변경주에 속하는 치트랄은 예로부터 실크로드의 교역로였다. 북쪽으로 힌두쿠시 산맥의 브로길 고개를 통해 중국 파미르와 연결되는 길은 실크로드에서도 대단히 중요한 길이었다. 그 길은 남쪽으로 로왈리 고개를 넘어 페샤와르, 여기서 다시 카이버 고개를 넘어 아프가니스탄을 지나 서역으로

옛 실크로드의 주요 마을이었던 치트랄 시내.

이어졌다. 하지만 지금은 아프가니스탄에 전쟁이 일어나 브로길과 카이버 고개가 막혀 버렸다. 여행자들에게는 참으로 안타까운 일이다. 전쟁은 길을 막는 일과 다르지 않다. 길이 막히니 사람과 사람도 소통할 수 없지 않은가.

혜초 스님도 서역 순례를 하면서 잠깐 짬을 내서 치트랄에 들렀다. 그는 페샤와르에서 로왈리 고개를 넘어 치트랄로 들어왔다가 다시 페샤와르로 돌아갔다. 당시 페샤와르는 오장국, 치트랄은 구위국이었다. "이 나라 왕도 삼보를 경신하며, 절도 있고 승려도 있다. 의상이나 언어는 오장국과 비슷하며 모직 웃옷과 바지 같은 것을 입는다. 양이나 말 따위도 있다"고 혜초는 적고 있다.

치트랄은 고도가 1518m로 제법 높고 주변이 온통 산이라 날이 맑고 공기가 깨끗하다. 대부분 여행자들은 칼라시 마을을 구경하고자 치트랄을 방문하지

치트랄 모스크 정문의 화려한 장식.

치트랄에서 만난 부녀.

전통 모자를 파는 가게.

만, 이곳은 힌두쿠시 산맥 트레킹의 베이스캠프 같은 곳이다. 티리츠미르 산길과 치트랄골 국립공원 등 알려지지 않은 멋진 트레킹 코스가 많다.

 치트랄 경찰서에서 칼라시 방문허가증을 받고, 돔 건물이 우아한 치트랄 모스크를 구경했다. 기도 시간이 되었는지 치트랄리들이 몰려들어 수도에서 손과 발을 닦고 모스크로 들어간다. 그들을 따라가 경건한 예배를 구경했다. 혜초 스님이 방문했을 때 이곳은 독실한 불교국이었는데, 세월이 흐름에 따라 종교도 바뀌었다.

치트랄 정보

치트랄(1518m)은 파키스탄 북서변경주에 속하며 온통 힌두쿠시 산맥으로 둘러싸인 산악도시다. 치트랄 사람들은 노래를 좋아하고 성품이 온순하다. 이곳은 칼라시 계곡과 힌두쿠시 트레킹의 베이스캠프 역할을 하기에 여름철에는 제법 많은 관광객들이 찾는다.

숙소

배낭여행자 숙소는 알파 룩과 투어리스트 로지, 치나드 인이 유명하다. 1박 300~500루피. 치트랄성 뒤편에 있는 파미르 리버사이드 인Pamir Riverside Inn은 강변에 위치해 한적하고 조용하다. 1박 1200~2500루피. 시내의 티리치미르 뷰 호텔은 깨끗하고 전망이 끝내준다. 1박 1200루피.

티리치미르뷰 호텔의 멋진 전망.

교통

마스튜자→치트랄행 지프가 오전 6~7시 사이에 다닌다. 요금은 180루피. 3시간 30분 걸린다.

오욕의 역사를 가진 치트랄 성.

칼라시
고대에서 온 아름다운 사람들

힌두쿠시 산맥에 숨겨진 샤머니즘 왕국

칼라시 계곡의 입구는 아윤 마을이다. 치트랄에서 드로쉬로 가는 포장도로를 한동안 따르면 갑자기 드넓은 치트랄강이 펼쳐지고, 강변으로 밀밭이 펼쳐진 마을이 나타난다. 지프는 강변으로 우회전해 나무다리를 건너 아윤에 도착했다. 아윤에서 지프도 사람도 한숨 돌리고, 다시 본격적인 비포장도로에 올랐다. 황량한 계곡을 따라 이어지는 길은 매우 험했다. 지프 짐칸에 실려 덜컹거릴 때마다 몸이 솟구쳤고, 그때마다 티리츠미르와 눈을 맞췄다.

    수천 년 동안 칼라시 사람들을 꼭꼭 숨겼던 힌두쿠시 산맥은 파키스탄과 아프가니스탄 국경 지대를 관통하여 아프가니스탄 수도 카불 북측까지 대략 600km에 이르는 대장벽이다. 힌두쿠시에는 7000m가 넘는 봉우리가 38개가 넘고, 그중 최고봉은 티리츠미르다. 이곳은 세계 산악인들의 발걸음이 뜸한 지역이다. 대부분의 원정대가 네팔 히말라야와 파키스탄 카라코람으로 몰리기 때문이다. 그만큼 힌두쿠시 지역은 히말라야 일대에서도 변방에 해당한다.

    칼라시 사람들은 힌두쿠시의 깊은 곳인 룸부르Rumbur · 붐부렛Bumburet · 비리르Birir 세 개의 골짜기에 5000여 명이 흩어져 살고 있다. 알

치트랄에서 칼라시로 가는 중간 지점인 아윤.

렉산더 대왕 동방원정군의 후손이라는 자신들의 구전을 굳게 믿기 때문인지, 아니면 번성했던 자신들의 왕국에 대한 그리움 때문인지, 그들은 오랜 세월 동안 두터운 이슬람의 무게를 용케도 견뎌내며 독특한 종교와 생활양식을 이어가고 있었다.

칼라시 마을이 외부에 알려지게 된 것은 불과 40여 년밖에 안 된다. 1970년대 마을과 아윤이 이어지는 지금의 도로가 닦이면서 그 존재가 알려지게 되었다. 칼라시 사람들이 사는 룸부르, 붐부렛, 비리르 세 개의 골짜기 중에서 대개 여행자들은 붐부렛을 찾는다. 붐부렛은 포도, 콩, 사과, 살구, 호두 등이 잘 자라는 풍요로운 땅으로 교통이 편하고 여행자 숙소가 많았다.

"이슈빠따!"

짐칸에서 같이 타고 온 칼라시 주민에게 '안녕하세요'가 칼라시 말로 무엇이냐고 물었다. 칼라시 인사말은 단순하고 재미있다. 남자의 경우에는 '바야'를 붙이고 여성은 '바바'를 붙인다고 알려줬다. 하지만 그것이 헷갈려 여성들에게 "이슈빠따 바야" 하며 인사를 건네기 일쑤였다. 그러면 칼라시 여성들은 "바바~"하며 웃었다. 덕분에 현지인들과 쉽게 친해질 수 있었다. 경찰 체크포인트에서 인적사항을 적고 입장료 200루피를 냈다. 여기서 길이 갈리는데 왼쪽이 붐부렛, 오른쪽이 룸부르다.

붐부렛의 브룸 마을에 도착해 칼라시 게스트하우스에서 여장을 풀었다. 숙소가 산비탈에 있어 산과 마을이 잘 보였다. 숙소의 주인장은 칼라시 사람인 부토다. 부토와 부인, 그리고 여섯 명의 딸들이 반겨주었다. 부토는 풍채와 혈색이 좋았고, 아이를 많이 낳아 그런지 부인은 마르고 늙어보였다. 여성들은 아이와 어른 가릴 것 없이 모두 칼라시 전통 복장을 입고 있었다. 칼라시 사람들의 가장 큰 특징이 바로 여성들의 복장과 장식이다.

여성들은 형형색색의 구슬로 장식한 묵직한 머리쓰개를 쓰고 머리카락은 다섯 갈래로 땋아 양편에 각 두 개, 앞쪽에 하나를 두었다. 옷은 검은 천에 색실로 꽃모양을 화려하게 수놓고, 가뜩이나 가는 허리에는 폭이 넓은 띠를 묶어 잘록하게 맵시를 냈다. 목에 두른 수십 개의 목걸이는 집안의 부와 풍요를 과시하는 듯했다.

아이들이 먹는 포도를 맛보려고 하나만 달라고 하니 송이째 준다. 알은 아주 작지만 까만 포도 맛이 기막히다. 부토는 이곳 포도주가 유명하다며 포도

칼라시는 파키스탄에서 유일하게
술이 허용되는 공간이다.

칼라시 사람들의 무덤은 풍장을 한다.

주 한 잔을 갖다준다. 이게 얼마 만에 보는 술인가. 술은 포도향이 진하고 아주 맛있었다. 파키스탄 무슬림 사회에서 유일하게 술이 허용되는 곳이 바로 이곳 칼라시 마을이다.

늦은 점심을 먹고 부토를 따라 마을 산책에 나섰다. 계곡을 따라 오르는데 유독 밑동이 굵고 잘 생긴 나무들이 눈에 띄었다. 호두나무라고 부토가 가르쳐준다. 이렇게 큰 호두나무는 처음 본다. 길가의 큰 호두나무 아래서 아이들이 장대로 호두를 따는 모습이 정겹다.

길에는 이상하게 칼라시 사람들보다 무슬림 사람들이 더 많이 눈에 띈다. 붐부렛에는 무슬림 사람들이 많이 이주했다고 한다. 계곡의 끝 마을인 크라칼에 이르니 비로소 칼라시 사람들이 많다. 부토를 따라 계곡을 건너니 큰 나무 아래 목관이 흩어져 있었다. 목관 안에는 사람의 뼈가 그대로 드러나 있다. 이

방물장수가 마을에 오자 칼라시 아낙들이 모여들어 흥정한다.

곳이 칼라시 사람들의 묘지로 일종의 풍장 형태를 띤다. 부토는 아니쉬와 브룬 마을에도 이러한 묘지가 있다고 한다.

크라칼에는 새로 지은 거대한 신전인 저스타크 한Jestak Han이 있다. 신전 벽에는 사냥하는 사람들과 염소 등의 그림이 그려져 있고, 양 모양의 목각 인형 옆에는 참나무 잎이 꽂혀 있다. 천정에 구멍이 뚫려 있는데, 천국과 연결되는 신성한 공간을 상징하다고 한다. 칼라시 사람들은 창조주 데자우Dezau라는 유일신을 믿는다. 그리고 다른 신인 데와Dewa는 데자우와 칼라시 사람들 간의 메신저 역할을 한다.

부토의 친구 집에 들어가 인사를 나누고 포도주를 얻어먹었다. 이야기를 나누던 중, 갑자기 사람들이 웃는다. 부토와 내 얼굴만이 빨갛게 달아오른 것이다. 서로 얼굴을 쳐다보며 웃었다. 창문을 내다보니 마을 공터에 방물장수가 보따리를 풀었다. 그 앞으로 호기심이 가득한 칼라시 여인들과 아이들이 몰려든다. 한 여인이 흥정하다가 맘에 안 들었던지 방물장수를 한 대 치는 시늉을 하고 가버린다. 숙소로 돌아오니 어둑어둑해졌다. 마침 보름달이 떠오르고 계곡의 물소리는 더욱 크게 들려온다.

붐부렛과 룸부르를 이어주는 돈손 고개

칼라시 계곡에는 기막힌 트레킹 코스가 있다. 그것은 비리르, 붐부렛, 룸부르가 여러 고개를 통해 서로 이어지는 길이다. 비리르에서 그리 안(Gree An, 3060)을 넘으면 붐부렛이고, 다시 붐부렛에서 돈손 고개(Donson, 2970m)와 쿤다크 안(Kundyak An, 2855m)을 연속적으로 넘으면 룸부르다. 다시 룸부르에서 욕심을 내서 두니 안(Dooni An, 3713m)을 넘으면 치트랄골 국립공원으로 들어갈 수 있다.

파키스탄 여행을 준비하면서 칼라시 마을과 치트랄골 국립공원을 잇는 매력적인 트레킹 코스에 군침을 흘렸지만, 결론은 다음을 기약하는 것이었다. 낭가파르바트, 심샬 등의 정통 트레킹 코스에 우선순위를 두었기 때문이다. 대신 붐부렛에서 산책 삼아 돈손 고개만 다녀오기로 했다.

가이드북에 나온 간략한 지도에 의지해 찾아가는 길이 쉽지 않았다. 들머리는 브룬과 크라칼 마을의 중간인 바트릭(2040m)이다. 여기서 계곡을 따라 오르다 아이들에게 물어보니 손가락으로 위쪽을 가리킨다. 마을을 지나자 제법 가파른 비탈이 이어진다. 경사진 산비탈에는 신기하게 생긴 나무들이 빼곡히 들어차 있었다. 꼭 화가 장욱진의 그림 속에 나오는 뭉툭한 나무처럼 귀엽고 친근하다. 하지만 그 나무는 놀라운 생명력으로 황량한 산비탈과 벼랑을 가득 메우고 있었다.

붐부렛과 룸부르 마을을 이어주는 돈손 고개의 천년송.

나뭇잎은 도톰하고 잎의 끝이 가시처럼 뾰족한 것이 우리나라 호랑가시나무와 흡사해 호랑가시나무인 줄 알았다. 그런데 나중에 보니 도토리같은 열매를 맺은 것이 아닌가? 호랑가시나무가 아니라 참나무 종류인 것이다. 이 나무는 칼라시 사람들에게는 고귀한 존재다. 나뭇잎은 신전 입구의 양 머리에 꽂아두는 등 다양한 제사의식에 사용했고, 염소들에게는 아주 맛난 별미였다.

가파른 길을 끙끙거리며 오르는데 앞쪽에서 양치기 할아버지가 양떼를 몰고 내려온다. 할아버지와 인사를 나누고 돈손 고개를 물어보니, 웃으며 오른쪽 길을 가리킨다. 눈이 파랗고 콧날이 오똑한 할아버지의 얼굴은 전형적인 칼라시 사람이었다.

 길은 완만하게 바뀌고 이어 갈림길을 만났다. 주변을 둘러보지만 인적이 전혀 없다. 두 길은 크기도 비슷하고 사람이 다닌 흔적도 나있었다. 이럴 때는 직감으로 길을 선택해야 한다. 주변 풍경과 길 상태를 유심히 관찰하다 왼쪽을 택했다. 예감은 적중했다. 길이 넓어지면서 지그재그 오르막길이 나타난다. 산비탈에는 육중한 참나무, 전나무, 소나무 등이 가득하다.

 수십 번 지그재그 길을 돌아 마침내 돈손 고개에 오르니 거대한 참나무 두 그루가 떡 버티고 있다. 이것이 돈손 고개의 유명한 천년송이다. 천년송 아래 서니 비로소 반대편 풍경이 시원하게 펼쳐진다. '그래, 이 맛이야!' 지친 몸 안에서 환희가 몰려온다. 멀리 치트랄국립공원 쪽이 빛을 받아 환하고, 오른쪽 산줄기 위로 티리츠미르의 만년설이 고개를 내밀었다.

 천년송은 칼라시의 역사를 알고 있을 것이다. 븀부렛과 룸부르 사람들이 넘어다니는 것을 지켜보면서 그들의 소원을 들어주었을지도 모른다. 나무 그늘에 드러누워 나른한 오후 시간을 만끽했다.

룸부르, 머물고 싶은 강렬한 유혹

븀부렛에서 룸부르로 건너오자 마음이 편해졌다. "신은 하나다. 그것은 알라다. 오라! 오라! 내가 너희를 부르노라." 아침저녁으로 븀부렛 골짜기를 울리던 모스크의 아잔 소리가 사라진 것도 좋았다. 마을 풍경도 전체적으로 븀부렛보다 편안하고 평화롭다.

 븀부렛은 더 이상 칼라시 사람들의 땅이 아니었다. 무슬림 주민들이 이주해 지금은 마을 주민의 40%를 넘는다고 한다. 그들은 모스크를 짓고 자신들의

의자도 없이 바닥에서 수업을 듣는 칼라시 아이들.

세력과 종교를 빠르게 늘려가고 있었다. 다행히 룸부르에는 무슬림 주민이 많지 않았다. 룸부르의 칼라시 사람들은 수줍음을 많이 탔지만 친절했다. 관광객들에게 "이슈바따, 바야!"하고 먼저 인사를 건네기도 했다.

마을 구경을 하다가 칼라시 초등학교를 방문했다. 숙소로 잡은 게스트하우스의 주인장이 이곳의 선생님이다. 아이들은 책상과 의자도 없이 바닥에 앉아 선생님의 강의를 듣고 있었다. 아이들은 칼라시 언어, 수학, 파키스탄 공용어인 우르두어, 영어 등을 배운다고 한다. 의자도 없이 바닥에 앉아 배우는 아이들이 안쓰럽고 기특했다.

학교 맞은편 언덕에는 야외 신전에 해당하는 마하데오Mahadeo가 있다. 마하데오에는 거대한 바위 아래에 돌로 쌓은 제단이 있고, 나무에 조각한 양 머리 형상의 조형물이 세워져 있다. 이곳은 염소와 양 등의 제물을 신에게 바치

사진에서 바라본 룸부르 발란구르 마을.

축제에 신나게 북을 치는
마을 남자들.

는 신성한 장소인데, 전망이 좋아 마을이 한눈에 들어왔다.

마하데오 보다 신성한 공간으로 평가되는 사지고르Sajigor를 찾았다. 그곳은 발란구르 마을을 지나 계곡 건너편의 울창한 숲 속에 자리 잡고 있었다. 사지고르에는 여성의 출입이 엄격하게 제한된다. 칼라시 종교에서 여성은 부정적인 요소이기 때문이다. 신성한 분위기를 물씬 풍기는 나무들 사이로 돌로 만든 제단이 있었다. 마치 태백산 당골의 심마니 제단과 비슷하다. 사지고르는 마하데오와 마찬가지로 일종의 야외 신전으로 신에게 바쳐질 염소와 양 등의 제물이 희생되는 공간이다.

룸부르 마을의 야외 신전.

　사지고르 옆 마을은 우뚝한 나무와 평평한 초지가 아름다웠고, 그곳에서 칼라시 여인들이 콩을 까고, 빨래를 하며 아이들 돌보고 있었다. 잠시 아이들과 놀다가 다리를 건너오는데, 건너편에서 두 꼬마 칼라시들이 연방 손짓을 한다. 그냥 내려간다는 손짓을 보내자 어서 오라는 손짓을 간절하게 보낸다. 할 수 없이 다가가니 호두 2개를 내민다.

　칼라시 계곡은 평화롭지만 위태롭다. 관광객들이 늘어나면서 무슬림들이 대거 칼라시 계곡으로 이주해 게스트하우스를 짓고 칼라시 사람들의 삶의 터전을 잠식하고 있다. 게다가 선교사들과 일부 무슬림은 아이들의 교육을 미끼로 자신의 종교로 개종을 요구하기도 한다. 칼라시 사람들이 자신들의 풍습대로 살아가는 것이 점점 더 어려울 것이다. 하지만 수천 년 그렇게 자신들의 모습을 꿋꿋하게 지켜왔듯이 전통을 잃지 않고 해맑게 살아가기를 바랄 뿐이다.

항상 전통복장을 입고 다니는 칼라시 소녀들과 아이.

길에서 만난 룸부르의 아름다운 가족.

짓궂고 당찬 칼라시 여자 꼬마들.

재봉틀로 옷을 수선하는 칼라시 소녀.

수로에서 만난 양치기 남매.

붐부렛의 양치기 꼬마.

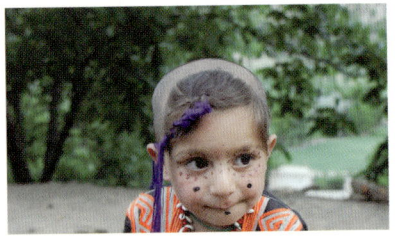
귀여운 붐부렛의 꼬마 숙녀.

축제 전날에는 빵받기 의식이 치러진다.

며칠 룸부르 마을에 머무르는 동안 평안했다. 많은 칼라시 여성들과 함께 있으면서 내 안에 부드러운 여성성이 자라난 느낌이다. 칼라시를 떠나기 전날 밤, 붉은 포도주의 마개를 땄다.

역마살이 있는 여행자는 언제나 정착을 꿈꾸기 마련이다. 훈자는 여행 의지를 야금야금 갉아먹지만, 칼라시에서는 여행이고 뭐고 다 때려치우고 그대로 주저앉고 싶은 폭발적인 유혹이 있었다. 그 이유는 순전히 칼라시 언니들 때문이었다. 차가운 개울에 긴 머리를 감는, 깔깔거리며 소리 높여 웃는, 부끄러워 나무 뒤에 숨는 칼라시 젊은 여인들은 칼라시의 자연처럼 눈부시다. 그 중 어느 아리따운 칼라시 처녀의 집에 눌러앉아 그녀의 머리카락을 땋아주고 싶었다. 달은 두둥실 떠올라 온 세상이 훤하고, 나는 애꿎은 포도주만 자꾸 기울였다.

칼라시 조시 축제

새봄을 맞는 춤 한마당

2008년 5월 〈EBS세계테마기행—파키스탄편〉 촬영 관계로 칼라시 계곡을 다시 찾았다. 이번 여행에는 조시 축제 기간에 일정을 맞추었기 때문에 축제의 진면목을 담을 수 있었다.

칼라시 마을의 5월은 눈부시게 아름다웠다. 마치 차가운 계곡에서 머리를 감는 칼라시의 젊은 여인처럼. 꾀꼬리 소리에 잠이 깬 이른 아침, 호텔 뒤편의 초지를 산책하면서 왜 가장 큰 축제가 5월에 열리는지 알 수 있었다. 아직 눈이 녹지 않은 먼 산들이 마을을 굽어보고, 산비탈과 마을 어귀를 가득 메운 떡갈나무, 호두나무, 참나무들. 그리고 푸른 밀밭과 맑은 개울……

개울 옆에는 이른 아침부터 꼬마들이 양을 돌보고 있었다. 그 녀석들과 잠시 놀다가 다시 걸어가는데, 아이들이 뭐라고 하며 소리를 질렀다. '버샬리' 라는 말을 들은 것 같지만 개의치 않고 가다가 커다란 양철지붕 건물 앞에서 재봉틀하는 소녀들을 만났다. 풀밭에서 옷을 기우는 소녀들은 참 아름다웠다. 용기내 말을 걸어보고 사진도 찍었다. 이 소녀들은 축제에 참가하기 위해 옷을 맵시 있게 꾸미는 중이었다. 나중에 알고 보니, 소녀들이 머무는 공간이 바로 버샬리였다.

칼라시 여성들은 생리 기간에는 일주일씩 집을 떠나 여성들만의 집으로 가는 독특한 풍습이 있다. 집을 떠나 머무르는 공간이 바로 버샬리다. 이런 풍습이 생긴 것은 칼라시족만의 독특한 종교와 문화에서 기인한다.

칼라시족은 "사람들뿐만 아니라 동물과 장소도 그 고유의 순결성을 가지고 있다"고 믿는다. 그리고 여성보다는 남성이 더 순결한 존재다. 그래서 동정을 지키는 남자 무당이 가장 순수한 존재로 추앙받는다. 여성들이 생리나 출산 기간에 집을 떠나 있는 이유도 그 기간에 여성들의 몸이 가장 불결해진다고 믿기 때문이다.

비록 이런 성차별에서 유래한 풍습이기는 하지만 칼라시 여성들은 한 달마다 찾아오는 휴가를 손꼽아 기다린다고 한다. 고된 육체노동에서 잠시 쉴 수 있고, 여자들끼리 밥도 짓고 짜파티도 만들어 먹으면서 하루 종일 노래 부르며 놀 수 있기 때문이다.

보통 칼라시 축제하면 춤추는 것을 생각하지만 나름대로 몇 가지 의식이 있다. 우선 축제 전날 밤에는 '빵 받기(Sisau)' 가 열린다. 날이 어둑어둑해지면 남자들이 정성껏 빵을 만들고, 여자들이 그 빵을 가져간다. 마을의 원로인 할아버지가 잣나무를 태워 여인의 머리 위로 빙글빙글 세 번 돌리고 빵을 건네준다. 아이들도 예외 없이 모두 이 의식을 통해 빵을 받는다. 이것은 잡귀를 제거하고, 다산과 풍요를 상징한다고 한다.

축제 아침에는 '우유 마시기(Chirik pipi)' 의식이 있다. 건강을 기원하며 남녀노소는 물론 관광객들에게도 우유(염소 우유)를 나누어 준다. 점심부터 댄싱이 벌어진다. 여성들은 본래 모자인 수스트 위에 화려한 모자인 쿠퍼스를 쓰고, 남성들이 모자에 바츄라는 깃털을 꽂아 축제를 알린다.

조시 축제에 춤을 추는 칼라시 여인들.

춤은 각 마을을 돌아가며 성대하게 열린다. 춤의 동작은 단순하다. 몇 명의 여인이 무리를 지어 작은 장고처럼 생긴 북 장단에 맞춰 '우~ 워~' 소리를 내면서 빙글빙글 원을 그리는데 주술성이 매우 강하다. 그러다 너댓 명이 나란히 서서 우리가 어려서 놀던 '우리 집에 왜 왔니' 하는 동작을 왔다갔다하며 반복한다. 댄싱이 벌어진 다음 날에는 야외 신전인 마하데오에서 기도를 올리고 축제는 막을 내린다.

칼라시 계곡 정보

천년송이 서 있는 돈손 고개.

칼라시 계곡은 5월에 가장 아름답다. 긴 겨울이 가고 봄을 맞은 기념으로 매년 5월 둘째 주에 조시 축제가 열린다. 이 축제 기간에는 많은 관광객들이 몰려와 북적북적하다. 여름철에는 많은 배낭여행자들이 찾아온다. 보통 여행자들은 교통이 편한 붐부렛을 많이 찾지만, 룸부르가 조용하고 사람들도 친절하다.

교통

치트랄→붐부렛, 시내 알타리큐Ataliq 다리 근처 정류장에서 오전 9시~10시에 부정기적으로 운행하는 지프가 있다. 요금은 80루피, 2~3시간 걸린다. 붐부렛→룸부르로 직접 이동하는 지프는 없다. 우선 아윤이나 폴리스 체크포인트까지 이동한 후, 다시 룸부르로 들어가는 지프를 잡는다.

붐부렛의 거대한 호두나무.

숙소

붐부렛에는 브룬 마을의 칼라시게스트하우스, 룸부르는 브룸 마을의 칼라시 홈 게스트하우스가 배낭여행자 숙소다. 1인 식사포함 1박에 250~300루피. 붐부렛 아니쉬 마을에는 PTDC 모텔이 있다. 1박 1300~1500루피.

칼라시 PTDC호텔.

페샤와르

간다라 미술의 고향

로왈리 고개를 넘어

룸부르에서 치트랄로 나와 이틀을 더 묵었다. 파키스탄 북서변경주에서 두번째로 큰 도시라는 것이 믿어지지 않을 정도로 아담하고 촌스러운 치트랄에 정이 많이 갔다. 숙소는 티리츠미르 뷰 호텔에서 묵었는데, 베란다에서 치트랄 강 너머 티리치미르가 기막히게 보였다. 이런 호사는 치트랄을 떠나면 누릴 수 없기에 마냥 머물고만 싶었다. 하지만 돌아갈 시간이 다가오고 있었다. 치트랄의 마지막 밤, 시내에서 늦은 저녁을 먹고 숙소로 돌아오다 산동네 마을에 들어온 불빛이 별빛처럼 아름다운 것을 발견했다. 저곳에는 가난하지만 마음 착한 사람들이 살고 있으리라.

다음날 아침 일찍 페샤와르로 가는 미니버스에 몸을 실었다. 치트랄에서 페샤와르로 가는 방법은 로왈리 고개를 넘는 방법뿐이다. 문제는 교통수단, 비행기와 미니버스 중에서 하나를 택해야 한다. 버스로 로왈리 고개를 넘는 길은 파키스탄 여행에서 악명 높은 장거리 구간 중의 하나다. 봉고 수준의 작은 버스를 타고 비포장 길을 12시간 이상 달려야 한다. 반면 비행기는 로왈리 고개 위를 날아가며 힌두라지 산맥과 힌두쿠시 산맥의 웅장한 설경을 유감없이

치트랄과 페샤와르를 연결하는 로왈리 고개를 넘는 미니버스

보여준다. 끝없이 뻗어 있는 힌두쿠시 산맥이 눈에 삼삼했지만 과감하게 미니버스를 타기로 했다. 로왈리 고개를 온몸으로 느끼고 싶었기 때문이다. 이곳은 특별히 풍광이 빼어난 곳은 아니지만 예로부터 유서 깊은 고개로 혜초 스님도 넘었다. 비행기는 예전에 타봤으니 버스로 로왈리 고개를 넘는 것은 정해진 수순이었다.

치트랄에서 드로쉬까지는 괜찮았다. 사람들도 많지 않았고 도로 상태도 양호했다. 드로쉬에서 사람을 꽉 태운 버스가 비포장도로에 덜컹거릴 때에도 견딜만했다. 그러나 본격적인 로왈리 고개가 시작되면서 악명 높은 '47구비' 길이 시작됐다. '47구비'란 로왈리의 가파른 남사면을 지그재그로 47번 돌아서 올라간다는 뜻이다. 버스는 멀미가 날 정도로 굽이굽이 47번을 돌고 나서야 고개 정상에 도착했다.

고생하며 올라온 것에 비해 고개 정상 풍경은 실망스러웠다. 산두르 고개처럼 고산초원도 아니고 전망도 그다지 좋지 않다. 로왈리 정상 직전에는 터널 공사가 한창이다. 이 공사를 맡은 곳이 한국 기업이다. 2005년에 공사를 시작했고 2010년 개통 예정이라고 한다. 이 터널이 뚫리면 로왈리 고개를 넘는 시간이 3시간 단축되고, 1년 내내 차가 다닐 수 있게 된다. 로왈리 고개의 악명은 역사 속으로 사라지는 것이다.

다행히 고갯마루를 넘어서자 길이 순해졌다. 옆자리에 세 명의 아이들을 데리고 탄 사내는 아프가니스탄 출신이었다. 말이 안 통해 그의 사연을 알 수 없었지만 친절하고 호의적인 사람이었다. 그는 헤어지면서 알라신 앞에서 우리는 형제라며 정말로 동생처럼 나를 꼭 안아 주었다. 페샤와르에 도착한 것은 늦은 밤, 무려 15시간이나 걸렸다.

카이버 고개, 알렉산더 대왕이 넘어온 길

페샤와르는 예전의 건타라국(간다라국)으로 실크로드의 주요한 길목이자 간다라 지역의 중심이었다. 최초로 불상이 탄생한 간다라 지방은 파키스탄 라왈핀디와 페샤와르, 아프가니스탄 카불을 포함한 광대한 범위를 말한다. 힌두쿠시 산맥을 넘어서 비옥한 펀잡 평원으로 통하는 길이라 예로부터 이민족의 침입이 끊이질 않았고, 동서양 문물의 교역이 활발하게 이루어졌다.

페샤와르에서는 두 개의 길이 교차한다. 하나는 중국에서 파미르를 넘어 남쪽으로 내려온 길, 다른 하나는 멀리 로마로 이어지는 길로 서아시아의 사막에서 카이버 고개를 거쳐 동쪽의 인도로 향하는 길이다. 그래서 페샤와르는 실크로드의 요충, 국제경제의 중심도시였다.

페샤와르 사람들이 기가 센 것으로 유명한 이유는 파쉬툰족(파탄족, 아프간족)의 후예들이기 때문이다. 파쉬툰족은 아프가니스탄과 파키스탄이 접하는 산악지대에 사는 부족이었다. 이들은 1979년 소련군이 아프가니스탄 침공 이래 줄곧 치열한 저항을 계속하여 중무장한 소련군도 애를 먹었다고 한다. 그들의 이러한 저항은 그 옛날 알렉산더 대왕의 동정군 발목을 한동안 붙잡은 것으로 더욱 유명하다.

세계사에서 동서양에 걸친 대제국은 이른바 '3대 원정', 즉 알렉산더 대왕의 동정과 이슬람군의 동·서정, 그리고 몽골군의 서정으로 이루어졌다. 그 중에서도 기원전 334~323년 그리스의 알렉산더 대왕에 의해 이루어진 동정은 사상 최초로 헬레니즘이라는 동서 문명교류의 첫 모형을 창출했다.

스무 살의 젊은이 알렉산드로스가 페르시아를 정복하겠다고 자신의 애마 부케팔로스 위에 올라탔을 때, 그리스인들조차 속으로 알렉산드로스를 비웃었다. 그리스와 페르시아의 싸움은 다윗과 골리앗의 싸움에 비길 수 있었기

로왈리 고개의 악명 높은 47구비길.

때문이다.

당시 페르시아는 동서로 이집트에서 인도, 그리고 남북으로 페르시아 만에서 흑해 지방까지 걸치는 총면적 5백만km²에 달하는 대제국이었다. 파미르 고원을 땅의 끝으로 여겼던 당시에 페르시아는 세계의 중심이었다. 지중해 동쪽 연안(터키 서해안)의 그리스 식민도시들은 페르시아의 왕중왕(페르시아에서 대왕을 부르는 호칭)에게 공물을 바치고 있었다.

기원전 334년 6월, 알렉산더의 원정군은 그라니코스 강변에서 벌어진 첫 전투에서 페르시아군을 쳐부수고 소아시아 서부 도시들을 하나씩 공략했다. 파죽지세로 페르시아 땅을 정복한 알렉산더는 이수스 전투에서 다리우스 3세가 이끈 페르시아군을 대파하고, 아케메네스 왕조의 수도 수사와 페르세폴리스를 함락하였다.

동정은 여기서 멈추지 않고 아프가니스탄을 지나 카이버 고개를 넘어 탁실라에 무혈입성하고, 대망의 인더스강을 건넜다. 펀잡 지방에 들어섰기에 인도 대륙 정복도 시간문제였다. 하지만 알렉산더의 원정군은 8년간의 피로와 미지 세계에 대한 두려움, 사기 저하 등으로 발길을 돌리고 만다.

"카이버 고개 안 가세요?"

게스트하우스의 주인장이 은근히 묻는다. 카이버 고개를 안내하는 유능한 가이드를 소개시켜주겠다는 것이다. 카이버 고개는 파키스탄과 아프가니스탄의 국경이지만 파쉬툰족의 땅이라 해도 과언이 아니다. 그래서 이곳을 잘 아는 가이드가 반드시 필요하다.

알렉산더 대왕의 동정군이 인도지역으로 넘어온 것도, 혜초 스님이 치트랄을 구경하고 페르시아 지역으로 넘어간 것도 바로 카이버 고개다. 지금은 파키스탄과 아프가니스탄의 국경이지만 여행자들은 넘어갈 수 없다. 미국과 아프가니스탄의 탈레반 세력과의 전쟁 때문이다.

유서 깊은 카이버 고개를 가고 싶은 마음이야 굴뚝같았지만, 이 고개를 통해 아프가니스탄으로 넘어갈 훗날을 기약했다. 끊긴 길은 매력이 없었다. 대신 간다라 불상을 볼 수 있는 페샤와르 박물관으로 향했다.

페샤와르에서 불상이 탄생한 이유

오토릭샤를 타고 시내로 나오니 대도시로 들어온 것이 실감났다. 거리는 버스와 택시, 오토릭샤, 자전거와 우마차 등이 뒤엉켜 대혼란을 빚어냈다. 하지만 혼란 속에서도 차들이 움직이고 사람들이 제 길을 가는 것이 신기하다.

　박물관 안으로 들어가자 학교에서 배웠던 바로 그 간다라 미술의 대표작인 불상이 나타났다. 간다라 미술은 기원 전후의 수 세기 동안 페샤와르를 중심으로 한 간다라 지방에서 성취된 그리스풍의 불교 미술을 말한다. 간다라 미술의 특징은 한마디로 불상의 제작인데, 이곳에서 탄생한 불상은 실크로드를 타고 중국이나 한국, 일본 그리고 남해를 거쳐 동남아시아 여러 나라로 전파되었다.

　서구인과 이란인 얼굴을 한 불상은 참으로 낯설다. 하지만 동양의 정신을 대표하는 불교의 불상이 서구인의 얼굴로 태어난 것은 참으로 역사의 아이러

페샤와르 박물관의 간다라 불두.

니다. 본래 초기 불교에서는 불상을 만들지 않았다. 힌두교에 반해 태어난 불교에서 우상숭배를 금지한 것은 당연한 이야기다. 대신 스투파(탑), 법륜法輪, 불족석佛足石 등을 돌에 새겨서 예배했다고 한다. 인도에서 태어난 불교가 간다라 지방으로 넘어오면서 이질적인 문화의 융합 현상이 생긴다. 기원전 4세기 알렉산더 대왕의 동방원정을 계기로 이 지방에 정착한 박트리아(Bactia, 大夏)계 그리스인들이 신상神像 조각 수법으로 불상을 만든 것이다. 어쩌면 이것은 실크로드의 문명 교류가 낳은 자연스러운 현상일지도 모른다.

　박물관을 둘러보는데 오래 걸리지 않았다. 페샤와르 지방에 가장 많은 간다라 유적이 산재해 있지만 발굴과 보존이 열악한 탓이다. 무슬림 사회에서 불교 유적에 대한 관심이 적은 것도 한몫했을 것이다. 역사란 무엇인가? 무슬림 사회 안에서도 파괴되지 않고 남아 있는 불상 같은 것일까?

페샤와르 정보

로왈리 고개.

페샤와르는 파키스탄 북서변경주의 주도로 예로부터 실크로드의 주요 거점이었다. 하지만 지금은 아프가니스탄의 전쟁으로 파키스탄과 아프가니스탄의 국경인 카이버 고개가 막혔다. 주민들은 파쉬툰족의 후예들이 많아 드세고 관광객들에 그다지 친절하지 않다. 이곳은 올드 바자르가 유명하지만 현지 가이드가 없으면 위험하므로 권하고 싶지 않다.

교통

치트랄→페샤와르
비행기는 매일 오전에 있다. 비행기표는 떠나기 하루 전에 치트랄 PIA 사무실에 예약해야 한다. 요금은 약 100달러, 페샤와르까지 1시간 걸린다. 미니버스는 치트랄 메인정류장에서 오전 7~9시, 오후 2~4시경에 있다. 요금은 500루피, 14~16시간 걸린다.

간다라 미술을 볼 수 있는 페샤와르박물관.

숙소

시내의 호텔들은 대체로 오래되어 시설이 낙후되었고, 바퀴벌레가 많다. 올드 잠루드 로드에 깨끗한 게스트하우스들을 이용하는 것이 좋겠다. 셀튼하우스는 1박 1200~1500루피.

페샤와르 박물관

페샤와르는 뉴시티와 올드시티가 있는데, 박물관은 올드시티에서 가깝다. 페샤와르 지방에서 출토된 불상들을 주로 전시하고 있다. 입장료는 200루피.

라호르

무굴제국의 영광

'그랜드 트렁크 로드'를 따라 라호르로

여행의 마지막 목적지는 라호르다. 페샤와르에서 라호르까지는 한국 기업이 운행하는 고급 버스를 탔다. 현지에서 '대우'라고 부르는 삼미대우버스는 고급화 전략으로 큰 성공을 거두었다. 요금은 비싸지만 최신 버스에 간식 제공과 안내양 서비스로 승객들로부터 호평을 받고 있다. 특히 젊은 안내양을 파격적으로 고용한 것은 무슬림 사회에서 가히 혁명적인 발상이다. 처음에는 사람들이 안내양을 이상하게 생각했지만, 시간이 갈수록 호응이 좋아졌다고 한다.

　시간이 좀 지나자 안내양이 간식 상자를 준다. 반갑게 열어보니 과자 두 봉지와 사탕뿐이다. 예전에 샌드위치를 맛있게 먹었던 기억이 나 내심 기대했는데 아쉽다. 안내양에게 물어보니 샌드위치가 상할 염려가 있어 과자로 바꿨다고 한다.

　쿵! 머리를 유리창에 부딪치며 잠에서 깼다. 버스도 도로 상태도 좋아 잠이 절로 온다. 그야말로 문명의 세계를 달리는 기분이다. 버스가 달리는 길은 그랜드 트렁크 로드, 약칭해서 GT로드라고 부른다. 이 길은 아프가니스탄 카불에서 파키스탄의 라호르를 거쳐 인도의 델리와 캘커타가 연결된 도로로 16세

화려한 검은 부르카로 치장한 여인들.

기 무굴제국이 완성한 간선도로다. 기원전부터 이민족의 침략과 문명이 교류했던 유서 깊은 길이다.

라호르는 옛 무굴제국(16세기부터 19세기까지 인도에 있었던 마지막 이슬람 제국)의 수도였고, 파키스탄의 중심지인 펀잡 지방의 주도다. 이슬라마바드가 파키스탄의 상징적인 수도라면 라호르는 경제, 문화, 교육의 중심지라고 할 수 있다.

인도 대륙을 통일했던 무굴제국이 번창했을 때는 라호르가 유럽의 유명한 도시보다 더 발전하고 화려했다. 그래서 '라호르보다 아름다운 도시는 라호르밖에 없다', '라호르를 보지 않으면 태어나지 않은 것과 같다'는 말이 생겼다고 한다.

무굴제국(1582~1857)은 인도 대륙을 통일했던 가장 강력했던, 그러나 최후의 이슬람 왕조였다. 전대의 이슬람 왕조들이 인도의 주류를 차지한 힌두 문명과 융합하지 못해 단명했던 것에 반해, 무굴제국은 이슬람과 힌두 문명의 교류에 뚜렷한 발자취를 남기며 331년간 장수를 누릴 수 있었다. 무굴제국의 전성기는 3대 악바르 대제에서 6대 아브랑제브까지다. 특히 4대 샤자 한 시대에는 예술과 문화가 발달해 세계적으로 아름다운 건축물인 타즈마할이 세워지기도 했다.

무슬림의 영광, 무굴제국

라호르의 역사를 상징적으로 보여주는 것이 라호르 성과 바드샤히 모스크다. 특히 바드샤히 모스크는 인도 아그라의 타즈마할과 견줄만한 아름다운 건축물로 유명하다. 라호르 성과 모스크는 서로 마주 보고 있어 한 번에 둘러볼 수 있다. 오토릭샤를 타고 라호르 성 입구에서 내리니 구경나온 라호르 시민들과 장사꾼이 어울려 북새통이다. 여기저기서 소리치며 호객하는 장사꾼 중에서 원숭이가 눈에 들어왔다. 원숭이가 재주를 부리면 주인 사내는 관중으로부터 돈을 거둔다. 예전에 내가 살던 시장에서도 저런 원숭이가 있었다. 약장사들이었는데 호객을 하려고 원숭이를 데리고 다녔다.

인파 속을 헤치고 문 안으로 들어서니 넓은 뜰이 나오고 왼쪽이 라호르 성, 오른쪽으로 바드샤히 모스크가 자리 잡고 있다. 모스크 정문으로 오르는 길은 제법 가파른 붉은 계단을 올라야 한다. 입구 앞에서는 모두 신발을 벗는다. 신발을 맡기고 들어서니 붉은 모스크 건물이 눈에 들어온다. 붉은 사각형의 건물과 그 위의 얹혀진 세 개의 하얀 대리석 돔이 어울려 우아하면서도 위엄을 잃지 않는다. 건물 외부는 인도의 자이푸르에서 가져온 붉은 사암으로 만들어졌다고 한다.

인도 타지마할과 견줄 수 있는 걸작인 바드샤히 모스크.

이 모스크를 세운 것은 무굴제국의 가장 방대한 영토를 정복한 6대 아우랑제브다. 그는 전대의 왕과는 다르게 힌두인들과 유화정책을 포기하고, 이슬람 원리주의에 입각한 정책을 펼쳤다. 이러한 배경 위에 세워진 것이 바드샤히 모스크다. 당시 이곳은 왕만 이용할 수 있는 '왕의 모스크'였다고 한다. 하지만 강압은 반발을 낳는 것이 동서고금의 역사다. 아우랑제브를 정점으로 무굴제국은 쇠퇴의 길을 걷게 되고 결국 영국의 식민지로 전락하고 만다.

긴 회랑으로 이어진 모스크의 내부는 아이보리색을 바탕으로 한 화려한 문

붉은 사암과 흰 돔형 지붕이 어우러진 바드샤히 모스크의 우아한 모습.

아이보리색을 바탕으로 한 화려한 문양이 가득한 모스크의 내부.

모스크 앞에서는 이야기꾼의 이야기가 한창이다.

양으로 가득하다. 문양은 타일을 붙여 만들었는데, 색깔이 화려하고 조각 수법이 섬세하다. 모스크 앞 광장은 금요일이면 수만 명이 동시에 예배를 올린다고 한다.

라호르 성의 입구에는 위풍당당하게 서 있는 문이 있는데 이를 알림기리 게이트라 한다. 파키스탄의 50루피 지폐 뒷면 그림을 장식할 정도로 유명한 문이다. 문 안으로 들어서면 부서진 건물들이 눈에 많이 띈다.

라호르 성은 1566년 악바르 황제가 먼저 있던 진흙요새를 파괴하고 새로 건설했으며, 자한기르 황제가 정원과 궁전을 건축했고, 샤자한이 침실 진주사원 등을 증축했고, 샤자한과 아우랑제브 때 그 유명한 거울궁전인 쉬쉬마할을 건축했다고 한다.

거울과 보석으로 궁전 내부를 화려하게 장식한 쉬쉬마할에는 비극적인 사

라호르 성 화려한 벽면.

라호르 성의 정문인 알림기리 게이트.

거울궁전으로 유명한 쉬쉬마할.

라호르의 대중교통인 오토릭샤.

랑이야기가 전해 온다. 악바르 황제가 사랑하는 아름다운 후궁 아나칼리(Anarkali, 석류꽃이라는 뜻)가 왕자 살림과 사랑에 빠져버렸다. 어느 날, 악바르는 아나칼리가 아들인 살림과 함께 있다가 헤어지면서 미소 짓는 것을 보고 말았다. 크게 노한 악바르는 아나칼리를 작은 벽 속에 가둬 죽게 만든다. 살림과 아나칼리의 사랑은 이렇게 비극적으로 끝나고, 나중에 자한기르 왕이 된 살림은 그녀를 위해 무덤을 만들었다고 한다. 그 무덤이 라호르 시장에 있었는데, 지금은 사라져 찾을 수가 없다. 하지만 아나칼리의 슬픈 이야기는 영화로 만들어져 라호르 시민들의 사랑을 듬뿍 받고 있다.

파키스탄과 인도의 흥겨운 국경, 와가볼더

라호르에서 빼놓을 수 없는 구경거리가 와가볼더의 국기하강식이다. 이곳은

라호르 수로의 개구쟁이들.

파키스탄과 인도의 유일한 국경으로 매일 오후에 국경이 닫히면서 국경폐쇄식을 갖는데, 양국의 군인들과 시민들이 벌이는 신경전이 재미있다.

라호르 시내에서 오토릭샤를 타고 와가볼더로 가려면 긴 수로를 따르게 된다. 이 수로는 무굴제국 시대에 만들어졌다고 하는데, 여름철 무더위를 피하는 피서지 역할을 톡톡히 한다. 아이들은 발가벗고 수영을 하고, 옆에서는 차와 오토릭샤를 닦고, 다른 한쪽에서는 소들이 더위를 피해 물에 들어가 눈만 내밀고 있다. 더운 나라에서 없어서 안 될 전천후 수로인 셈이다.

두어 시간 달려 와가볼더에 도착하니 벌써 신나는 음악이 흘러나오고 사람들의 우렁찬 함성이 들린다. 서둘러 자리에 앉으니 자리를 가득 메운 파키스탄 사람들이 어느 늙은 할아버지의 "파키스탄!" 구령에 맞춰 "진다바르(만세)"를 연창하고 있었다.

심각한 표정으로 경매를 지켜보는 라호르 과일경매장의 상인들.

수입이 신통치 않는지 우는 얼굴을 한 원숭이 아저씨.

건강한 웃음의 라호르 시장 상인.

열심히 살아가는 모습이 좋았던 라호르 시장의 사람들.

이윽고 나팔소리와 함께 국기하강식이 시작되자 군인들이 등장하는데, 그 과장된 걸음걸이와 땅바닥을 발로 차는 동작이 익살스럽다. 자세히 보면 건너편의 인도 군인들도 똑같은 동작을 반복하고 있다. 이어 두 나라의 군인들이 철문을 사이에 두고 마주 보면, 관광객들의 박수와 환호 속에서 서로 국기를 내리고 철문이 닫히게 된다. 아마도 이렇게 흥겨운 국경은 세상에 없을 것이다.

묘한 긴장함과 흥겨움이 있는 국경 와가볼더.

그런데 막상 국경이 닫히자 쓸쓸함이 밀려왔다. 우스꽝스러웠던 군인들의 동작들에서 슬픔도 느껴졌고, 본래 한 나라였던 파키스탄과 인도의 아픈 역사를 간직해서 그런지, 아니면 우리나라의 분단이 생각나서 그런지 모르겠다.

라호르에서 이틀을 더 머물면서 시장을 돌아다니고 열심히 일하는 사람들을 만났다. 라호르는 무굴제국의 유적도 좋지만 방대한 라호르 시장에서 제각기 열심히 살아가는 서민들의 모습이 인상적이었다. 거리의 이발소에서 머리도 자르고, 의자 두어 개 내놓고 영업하는 짜이집에서는 공짜 짜이를 먹었다.

인도와의 국경인 와가볼더를 지키는 우락부락한 군인들.

사람 좋게 생긴 주인아저씨는 손님이라며 한사코 짜이값을 받지 않았다. 펜치로 이빨을 뽑는 거리의 치과의사도 만났는데, 그의 신중한 표정과 환자의 아픈 표정이 너무 재미있었다. 시장에서 살아가는 라호르 시민들은 대부분 고된 일을 하지만 착하고 친절했다.

  라호르를 떠나기 전날 밤, 숙소 옥상에서 오랫동안 서성거렸다. 이슬라마바드에서 시작해 북부지역을 크게 돌아 라호르에 이르는 길이 주마등처럼 스쳐갔다. 역시 여행의 압권은 지구의 지붕을 이루는 히말라야, 카라코람, 힌두쿠시 산맥과 파미르 고원이 만나는 북부지역이었다. 그 산맥 깊은 곳에 숨어있는 마을이야말로 사막의 오아시스요, 지구의 마지막 샹그릴라라 해도 과언이 아니었다. 무엇보다 수려한 풍경에 둘러싸여 살아가는 건강한 사람들이 보기에 좋았다.

생각해 보면, 사람이란 존재는 참으로 오묘하다. 제아무리 멋진 자연이라 해도 사람이 없으면 황량하고, 사람이 있으므로 빛을 발한다. 험준한 산맥에 둥지를 튼 훈자, 파수, 날타르, 칼라시 등이 모두 그랬다. 자연도 역사도 모두 사람 속에 녹아 있었다.

빨리 전쟁이 종식되어 아프가니스탄 땅이 열리기를 학수고대한다. 그러면 고선지의 길기트 원정 루트를 따라 중국, 파키스탄, 아프가니스탄 일대를 둘러보고 싶다.

마하르 딘이 사는 법

2008년 5월 〈EBS세계테마기행—파키스탄편〉 촬영 관계로 라호로를 다시 찾았는데, 반갑게도 와가볼더의 '진다바르' 할아버지를 다시 만날 수 있었다. 그의 이름은 마하르 딘이었고, 나이는 80세였다. 뜻밖에도 그를 만난 곳은 라호르의 과일시장이었다.

시장에서는 제철인 망고 경매가 한창이었다. 재미있게도 경매하는 모습은 우리나라와 다르지 않다. 그는 망고를 높이 들고 흡사 와가볼더에서 "파키스탄!" 외치는 것처럼 열심히 소리치고 있었다. 경매 장소에서 흥을 돋구는 것이 그의 직업이었던 것이다. 그러다 사람들이 장난기가 발동해 파키스탄을 외치라고 한다. 그러면 시장은 와가볼더처럼 "파키스탄!"과 "진다바르!"가 울려 퍼진다.

시장에서 할아버지는 유명인사였다. 경매장에서 식당으로 이동하면서 그는 사람들과 인사하느라 정신이 없었다. 할아버지가 와가볼더를 찾은 것이 20년이 넘었다고 한다. 비가 오나 눈이 오나 하루도 와가볼더에 가지 않은 날이 없으며 죽기 전까지 계속 갈 것이라고 한다. 여행자에게 국경은 흥거운 축제의 장이지만, 현지인들에게는 분단의 현장이었다. 그가 그곳을 고집하는 이유는 오직 나라를 사랑하는 마음뿐이다. 다음에 와가볼더를 찾았을 때, 할아버지가 없다면 얼마나 쓸쓸할까?

라호르 정보

라호르는 파키스탄에서 가장 비옥한 펀잡지방의 주도로 파키스탄의 경제, 교육의 중심이다. 파키스탄에 입국할 수 있는 국제공항은 이슬라마바드와 라호르가 있는데, 무굴제국의 화려한 유산이 있고, 사람들이 친절한 라호르를 선택하는 것이 좋다. 무굴제국 유적으로 라호르 성, 바드샤히 모스크, 살리마 정원 등이 유명하다. 유적도 좋지만 라호르 시장의 시민들이 그리는 삶의 만다라가 더욱 좋아 보였다.

교통

페샤와르→라호르
삼미대우버스를 이용하는 것이 좋다. 페샤와르의 대우버스 전용 정류장에서 출발하고, 요금은 850루피, 6시간 걸린다.

숙소

말로드에 있는 리갈 인터넷 인(www.regale.com/pk)이 유명한 배낭여행자 숙소다. 도미토리 180루피. 홈피에서 예약할 수도 있다. 만약 라호르 공항에서 택시를 타고 숙소로 가려면, '매트로 캡' 택시를 이용하는 것이 안전하고 바가지요금이 없다. 공항→리갈 인테넷 인까지 450루피.

고급버스인 삼미대우버스.

라호르 성과 바드샤히 모스크
라호르 기차역 근처에 있다. 모스크 입장료는 없고 라호르 성은 200루피.

라호르박물관
파키스탄에서 간다라 미술 유적을 가장 많이 보유하고 있는 곳이 라호르 박물관이다. 8개의 전시실에 간다라 불교미술과 인더스강 유역의 출토품, 쿠산왕조와 무굴제국, 영국 통치 시대의 예술품 등으로 예술품으로 가득하다. 그 중에서도 다양한 불상이 전시된 간다라관이 압권이다. 특히 84cm×53cm 아담한 크기의 '단식하는(고행하는) 부처상(Fasting Buddha)'은 간다라 불상을 대표하는 걸작으로 유명하다. 입장료 100루피. 사진 촬영 10루피.

간다라 미술의 걸작인 라호르 박물관의 고행하는 부처상. ⓒ소하연

부록

파키스탄 여행과 트레킹 가이드

🔊 파키스탄 실전 여행 정보

파키스탄은 어떤 나라?

정식명칭은 파키스탄 이슬람공화국(Islamic Republic of Pakistan). 파키스탄의 국어인 우르드어로 '청정한 나라'라는 뜻이다. 이것은 영국 식민 시절에 이슬람교도의 이익 옹호와 이슬람교 국가 건설을 도모했던 분리 독립운동의 명칭이기도 하다.

본래는 인도와 한 나라였지만, 1947년 8월 인도가 영국의 지배를 벗어나면서 힌두권인 인도와 이슬람권인 동·서파키스탄이 각각 분리 독립했다. 이후 동파키스탄이 방글라데시란 이름으로 국가를 수립했다. 독립과정에서 인도와 카슈미르 영토 분쟁이 일어났으며 북부지역의 길기트, 훈자, 치트랄 등의 소왕국들이 파키스탄 영토로 편입되었다.

위치는 인도 대륙의 북서부에서 중앙아시아 남부에 걸쳐 있다. 그래서 파키스탄은 남아시아 혹은 서남아시아, 파키스탄 북부는 중앙아시아에 넣기도 한다. 서쪽으로 이란과 아프가니스탄, 북쪽으로 힌두쿠시와 카라코람 산맥을 사이에 두고 아프가니스탄 북부와 중국, 동쪽으로 히말라야 산맥을 사이에 두고 인도와 국경을 접하고, 남쪽으로는 아라비아해와 만난다. 지형적으로 동서양을 연결하는 지점에 위치해 예로부터 실크로드의 교역로 역할을 했고, 페샤와르 지방에서 동서문명이 만나 꽃을 피운 간다라 미술이 발생했다.

수도는 이슬라마바드. 종족은 펀잡인, 신드인, 파슈툰족 등으로 다양하고 종교는 대부분 이슬람교를 믿는다. 주민들 대부분이 여행자에게 친절하고 편의를 배려해준다.

언제 가는 게 좋은가?

파키스탄 지역은 인도나 네팔과 달리 몬순의 영향을 받지 않는다. 여행 적기는 5월~9월이고, 산길 걷기에는 7~8월이 가장 좋다. 이곳의 여름은 6월~8월이다. 이슬라마바드 북쪽 지역은 10월이 되면 눈이 내리고 기온이 급격하게 떨어진다. 이슬라마바드와 라호르는 6월이 가장 덥다. 기온이 35~45℃까지 올라가므로 수시로 수분 보충을 하면서 일사병과 열사병을 예방해야 한다.

혼자 가도 안전한가?

외교통상부의 해외안전 정보에 따르면 파키스탄은 '유의 및 제한'의 등급을 받고 있다. 하지만 등급만큼 위험한 곳은 아니다. 여름철이면 세계 각국에서 배낭여행자들이 몰려와 대부분 건강하게 돌아가기 때문이다. 그래도 이슬람교의 나라이기 때문에 행동에 조심하는 것이 좋다.

언어

영어가 소통되는 지역이라 큰 문제는 없다. 파키스탄에는 많은 언어가 공존하지만 우르두(Urdu)가 표준어다. 안녕하세요, 감사합니다 등의 기본적인 우르두는 알고 가는 게 좋겠다.

안녕하세요 _ 앗 살람 알레이 쿰 asalam aleikum

감사합니다 _ 슈크리아 shukria

파키스탄으로 가는 항공편?

한국 국적기의 직항은 없다. 타이항공이나 PIA(파키스탄 국영항공)를 이용한다. 타이항공은 아시아나, PIA는 대한항공과 연결되어 있다. 타이항공이 편하고 값도 좀 싼 편이다. 모두 방콕을 경유해 파키스탄으로 들어간다. 파키스탄 입국은 이슬라마바드와 라호르를 선택할 수 있는데, 이슬라마바드 IN, 라호르 OUT으로 하면 가장 좋다. 이슬라마바드와 라호르는 버스로 4~5시간 거리로 라호르가 남쪽이다.

비자, 환전, 퍼미트?

파키스탄 비자는 한국에서 받아야 한다. 파키스탄 대사관(02-796-8252)은 서울 이태원에 있다. 남성이 필요한 서류는 여권, 사진 2장, 영문 재직증명서와 영문 여행일정표 각 1부. 접수는 10시~12시, 발급은 15:30~17:00. 비용은 4만 원이다. 여성은 기혼 여부, 직장인, 학생 등에 따라 서류가 다르니 대사관에 문의한다. 보통 3개월 비자가 나온다. 여행사를 통해 비자 발급 대행도 가능하다.

환전은 국내에서 미국 달러를 가져가야 한다. 이슬라마바드 혹은 라호르 공항과 시내 사설 환전소에서 달러를 파키스탄 화폐인 루피(RS)로 교환한다. 1달러에 73루피(2009. 1월 기준). 10루피는 한국 돈 160원 정도로 생각하면 된다.

가이드북과 인터넷 사이트

한국어 가이드북은 없다. 파키스탄 및 카라코람 지역의 여행정보는 〈Pakistan&the Karakoram Highway〉, 6판 2004년, Lonely Planet을 참조한다. 이 책은 론리 플래닛의 한국 판매 대행사인 신발끈여행사(shoestring.co.kr, 02-333-4151)를 통해 구입할 수 있다.

인터넷 사이트의 경우에는 〈임현담 홈페이지 himal.pe.kr〉에서 데오사이와 낭가파르바트 트레킹을 볼 수 있다. 〈수미여행사(kailash96.com)〉의 '카라코람 KKH'에는 배낭여행자를 위한 파키스탄 여행 정보가 실려 있다. 다음 카페 〈ONE WORLD TRAVEL MAKER 5불 생활자(cafe.daum.net/owtm)〉의 'Over Karakoram Highway' 카테고리에 질의응답을 검색하면 많은 정보를 얻을 수 있다. 또한 파키스탄 여행 1세대에 해당하는 〈낙타맨의 실크로드, 파키스탄 배낭여행(my.dreamwiz.com/camel5)〉도 여전히 유용한 정보를 제공한다. 〈배낭 메고 떠나는 아시아 세계(cafe.naver.com/gotoasia)〉에서는 많은 사진과 유적지 정보를 얻을 수 있다.

건전지 충전

파키스탄은 220V를 사용한다. 한국에서 사용하는 그대로 대부분 호텔과 게스트하우스에서 충전할 수 있다.

📡 파키스탄 여행 계획 세우기

파키스탄 여행은 쉽지 않다. 무슬림 사회이기에 우리와 정서적으로 많이 다르고, 교통·숙소 등 제반 여행 인프라가 부족하다. 하지만 세계적인 배낭여행의 명소이기에 배낭여행자를 위한 제반 시설과 문화는 그런대로 갖추어진 편이다. 그래도 워낙 길이 험하기에 고생을 각오해야 한다. 고생스러운 만큼 여행의 기술도 얻게 되고, 보람도 클 것이다. 최근에는 혼자 파키스탄을 둘러보는 한국 여성들도 늘었다. 그만큼 치안이 안정되고, 편의시설이 점점 나아지고 있다.

여행지 목록(표1)

거점도시	장소	주제	기간
1 라호르	라호르성, 바드샤히 모스크, 샬리마 가든	무굴제국 유적	3
	라호르박물관	간다라 유적	
	와가볼더	인도 국경	
2 라왈핀디	탁실라	간다라 유적	1
3 길기트	날타르마을	마을 및 트레킹	1~6
4 길기트	페어리메도우	트레킹	2~4
5 훈자	발티트성, 알티트성 등	마을	2~5
	이글네스트와 울타르메도우	트레킹	2~3
6 파수	서스펜션 브리지, 후사이니 마을	마을 및 트레킹	1~5
7 파수	심샬 파미르	트레킹	4~6
8 소스트	쿤제랍 고개, 중국 카슈가르	중국으로 이동	2~5
9 스카르두	카라포츈성, 사파라호수, 카츄라호수 등	마을	3~10
10 길기트(아스토르)	데오사이	지프 사파리	1~2
11 길기트(아스토르)	낭가파르바트 루팔	마을 및 트레킹	2~5
12 길기트	판다르, 산두르 고개, 마스튜지	마을 및 지프 사파리	1~4
13 치트랄	치트랄, 칼라시 계곡	마을	3~5

카라코람하이웨이

뭐니뭐니해도 파키스탄 여행의 정수는 KKH다. KKH 완주가 목적이라면 파키스탄으로 입국해서 KKH를 둘러보고 중국으로 넘어갈 것을 권하고 싶다. KKH가 파키스탄과 중국에 걸쳐 있기 때문이다. 파키스탄 KKH는 카라코람 산맥이고, 중국 KKH는 파미르 고원이다. 그래서 파키스탄 쪽이 창검처럼 날카롭다면 중국 쪽은 부드러운 고원지대가 많다. 일정은 짧게는 2주, 적당한 기간은 대략 1달 잡으면 된다. 표1의 1~8까지를 시간과 취향에 맞춰 일정을 잡는다.(일정에는 라호르에서 카슈가르까지 버스 이동 시간 약 2~3일을 포함해야 한다.)

카라코람하이웨이와 트레킹

파키스탄 여행자들은 KKH를 일주하면서 주변을 트레킹하는 여행자들이 대부분이다. 따라서 표1의 1~11까지를 시간과 취향에 맞게 일정을 조절한다. 적당한 기간은 30~40일이다. 필자와 같이 KKH를 포함하여 파키스탄 북부지역을 한 바퀴 도는 데 2달 정도 걸린다.

라호르와 간다라 유적 둘러보기

1주일 정도 시간이 난다면 라호르와 라왈핀디 등에서 무굴제국의 유적과 간다라 미술의 걸작들을 둘러볼 수 있다. 표1의 1, 2번을 참고하여 일정을 짠다.

파키스탄 북부지역 한 바퀴

파키스탄은 동서양이 만나는 지점에 있어 육로로 국경을 넘는 여행자들이 반드시 거쳐야 한다. 대개 장기 여행자들은 중국과 인도에서 파키스탄을 거쳐 이란으로 넘어간다. 이들은 시간이 넉넉하기에 2~3달 일정으로 표1의 1~13까지를 참고하여 파키스탄 북부지역을 한 바퀴 돌아보는 것이 좋다.

파키스탄 트레킹

파키스탄 트레킹은 네팔 트레킹과는 근본적으로 다르다. 식사와 숙소를 한번에 해결할 수 있는 로지가 없기 때문이다. 그래서 야영장비와 식량을 준비해야 한다.

야영장비가 필요없는 트레킹 코스는 낭가파르바트 페어리메도우, 울타르메도우 등이다. 페어리메도우 코스에는 로지와 같은 호텔이 있고, 울타르메도우 코스는 당일 트레킹이 가능하다. 나머지 코스는 모두 야영장비가 필요하다. 텐트와 침낭 등의 야영장비는 길기트, 훈자의 장비점에서 빌릴 수 있지만 품질이 좋지 않음을 고려해야 한다.

필자는 어떤 등산장비를 가져갔는가?

혼자 3달의 여행 및 트레킹이기 때문에 부피와 무게를 줄이는 게 관건이었다. 트레킹할 때는 포터가 짐을 들어줄 수 있지만 이동할 때는 모든 장비를 혼자 감당해야 한다. 배낭은 3개를 준비했다. 카고백(써미트, 80L), 중대형 배낭(도이터 55L)과 소형 배낭(써미트 35L). 카고백은 짐 포장과 수송에 편리하다. 트레킹에 할 때는 중대형과 소형 배낭만 가져갔는데, 중대형은 포터용, 소형은 필자가 메는 배낭이었다.

텐트는 에코로바의 알파인 라이트2를 선택했는데, 무게가 2.1kg으로 알아본 텐트 중 가장 가벼웠다. 가이드 혹은 포터와 함께 잘 수 있기 때문에 텐트는 2~3인용으로 준비하는 게 좋다. 침낭은 겨울용으로 쓸 수 있는 다나우모의 동계용침낭. 침낭은 조금 무겁더라도 여름용보다는 동계용이 좋다. 높은 고도에서 여름용 혹은 삼계절 침낭을 사용하면 추워서 잠을 잘 수 없다.

의류는 여름용 긴 바지와 긴 팔 티셔츠 각 2벌. 볕이 뜨거워서 긴팔 옷이 좋다. 재킷은 홑겹의 방풍 재킷과 고어텍스 재킷을 넣었는데, 거의 홑겹 재킷만 사용했다. 비가 거의 내리지 않았고, 고어 재킷이 무거웠기 때문이다. 가벼운 고어 재킷의 필요성이 절실했다. 보온 의류는 가벼운 플리스 재료로 만든 남방을 넣었다. 취사 장비는 코베아의 제일 작은 가스버너(205g)와 2인용 코펠을 사용했다. 취사용 부탄가스는 무게를 줄이기 위해 1개만 가져갔고, 현지인들처럼 나무를 땔감으로 사용해 취사를 했다. 그밖에 스틱과 헤드랜턴 등을 가져갔다.

트레킹 가이드북

한국어 가이드북은 없다. 존 먹John Mock과 킴벌리Kimberley O'Neil 부부가 쓴 『Trekking in the Karakoram & Hindukush』, 2판 2002년, Lonely Planet이 이 매우 훌륭하다. 이 책에는 트레킹 가능한 56개의 코스가 지역별로 분류되어 있다.

트레킹 코스 일람표(표2)

코스명	일수	거리(km)	난이도	시즌(월)	거점도시
파고라 고개(날타르마운틴)	5~6	46.9	중간	7-8	길기트
낭가파르바트 페어리메도우	2~4	29	쉽다	5-9	길기트
낭가파르바트 루팔	3~4	37	쉽다	5-9	아스토르
심샬 파미르	5~6	83.2	어렵다	7-8	파수
울타르 메도우	1~2	6.2	쉽다	5-9	훈자
돈손 고개	1	5	쉽다	5-9	치트랄

이 책에 소개된 트레킹 코스는 총 6곳이다. 그 중 여행자들이 쉽게 접근하여 부담없이 걸을 수 있는 산길은 페어리메도우, 루팔, 울타르메도우, 돈손 고

개다. 그 어느 곳을 가더라도 기막힌 설산과 아름다운 숲을 만날 수 있다.

　날타르 마을에서 시작하는 파고라 고개는 환상적인 풍경을 만날 수 있는 보석 같은 곳이다. 출발 지점인 날타르 마을이 워낙 아름답기에 트레킹하지 않더라도 꼭 가볼 것을 권하고 싶다. 심샬 파미르는 여러모로 힘들다. 심샬마을을 찾아가는 것도, 파미르까지 트레킹하는 것도 녹록지 않다. 하지만 세상에서 오직 이곳에서만 볼 수 있는 독특한 풍경을 만날 수 있다. 이 길은 히말라야 트레킹 경험이 있는 사람들에게 권하고 싶다.

　그리고 트레킹을 하지 않더라도 히말라야와 힌두쿠시 산맥의 웅장한 맛을 느낄 수 있는 곳이 데오사이와 산두르 고개다. 데오사이는 스카르두에서 당일 지프 여행으로 다녀오거나 고원에서 하룻밤 묵었다가 루팔마을로 넘어갈 수 있다. 산두르 고개는 길기트에서 치트랄로 가는 길에 만날 수 있다.

파키스탄에서 주변국으로 국경 넘기

파키스탄에서 인도로

우선 라호르에서 와가볼더로 이동해야 한다. 시내에서 버스나 오토릭샤를 타면 1시간 내에 도착한다. 국경에서 입국 절차를 마치고 국경을 넘으면 된다. 국경을 넘어 곧바로 암리차르로 가지 말고, 파키스탄과 인도의 국경폐쇄식을 구경하자. 인도 비자는 한국에서 받아 가는 것이 좋다. 비자가 없을 경우는 이슬라마바드의 인도 대사관에서 받는다.

파키스탄에서 이란으로

이슬라마바드→퀘타→타프탄

이슬라마바드에서 퀘타로 이동해야 한다. 보통 기차를 이용하는데, 날씨가 살인적으로 더우므로 꼭 에어컨 칸을 끊는다. 시간은 이슬라마바드에서 퀘타까지 34시간 걸린다. 기차는 외국인 할인이 된다. 어른은 30%, 국제 학생증이 있으면 50% 할인된다. 퀘타 익스프레스 1등칸 1400루피.

퀘타에서 여행자들은 역에서 가까운 무슬림 호텔을 이용한다. 가격이 싸고 시설이 괜찮은 편이다. 2명 400루피. 다음날, 퀘타에서 타프탄이라는 파키스탄과 이란 국경으로 이동한다. 사실 여행사는 비싸니 근처의 버스정류장으로 가서 티켓을 끊는다. 요금은 300루피, 타프탄까지 14시간 걸린다. 오후 6시쯤 출발하면 다음날 아침 7시쯤 타프탄에 도착한다. 국경사무소는 10시에 열린다.

타프탄→자헤단

국경사무소에서 입국 절차는 매우 간단하다. 이란으로 넘어가면 치안이 좋지 않기에 현지 경찰이 따라붙는다. 자헤단 버스정류장까지 가는 택시를 잡아서 가격을 정하면 경찰과 함께 택시를 탄다. 1시간 40분 정도 달리면 자헤단에 도착한다. 버스정류장에서 다른 도시로 가는 버스표를 끊고 버스를 탈 때 경찰에게 여권을 돌려받고, 경찰과 헤어지게 된다.

비자

비자는 한국에서 받아가는 것이 가장 수월하다. 비자가 없을 경우는 좀 복잡하다. 이슬라마바드의 이란 대사관에서 받을 경우는 한국대사관의 추천장, 이란행 항공권이 필요하다. 이것은 비행기로 가는 경우만 비자를 주겠다는 뜻이다. 따라서 이란행 항공권을 끊고 나중에 취소하는 절차를 걸친다.

비자 받는 절차는 다음과 같다. 서류와 사진 4장을 제출하고 2주 지나서 전화로 확인한다. 비자가 나왔다면 비자피를 은행에 제출하여 영수증을 받고,

한국대사관의 추천장, 항공권 사본을 제출하면 비자를 받을 수 있다. 페샤와르로 갈 일이 있으면 이곳의 이란 대사관에서 비자를 받는 것이 좋다. 추천장과 비행기 티켓 등 복잡한 서류가 필요없다.

파키스탄에서 중국으로

파키스탄에서 중국으로 넘어가려면 일단 소스트로 이동해야 한다. 길기트에서도 국경을 넘는 버스가 있지만, KKH가 길기트—훈자—파수—소스트로 이어지기에 차례로 이곳을 구경하고 마지막으로 소스트에 도착하여 국경을 넘게 된다. 파키스탄과 중국의 국경인 쿤제랍 고개는 4000m가 넘는 파미르 고원의 주요 고개다. 따라서 국경을 넘는 것 자체가 모험이자 큰 볼거리가 된다. 중국 비자는 한국에서 미리 받는 것이 좋다. 비자가 없을 경우는 이슬라마바드의 중국 대사관에서 받는다.

소스트⋯쿤제랍

소스트는 훈자에서 북쪽으로 3시간, 파수에서 1시간가량 떨어져 있다. 소스트에서 국경 넘는 차량은 하루 전날에 예매해야 한다. 따라서 국경을 넘기 하루 전에 소스트에 도착해, 나트코NATCO버스 사무실에서 예매한다. 소스트→중국 타슈쿠르간 요금은 1800루피. 대개 여행자들은 아시아 스타 호텔에서 묵는다. 2인실 300~500루피.

 다음날 아침 9시에 사람들이 모이면 짐 검사를 하게 된다. 파키스탄 현지인들 짐 검사는 철저하고 외국인들은 그냥 통과한다. 11시쯤 버스를 타고 터미널 근처 파키스탄 출국심사대로 이동해 절차를 받고, 본격적으로 국경인 쿤제랍 고개로 출발한다. 한 시간 가량 달려 쿤제랍 공원 입구에 도착하면 공원 입장료 4달러를 내야 한다. 국경인 쿤제랍 일대가 국립공원이기 때문이다. 다시 한 시간 반 가량을 달리면 쿤제랍 정상이고, 중국 쪽의 변방검사소紅其拉甫邊檢가 나온다. 중국 쪽에서는 모든 사람의 짐 검사를 아주 꼼꼼하게 한다.

쿤제랍····▶타슈쿠르간

쿤제랍 패스를 넘으면 이제 중국이다. 차선 방향도 달라지고, 우선 도로가 매우 좋아진다. 산을 에돌아 내려가면 길이 평탄해진다. 풍경은 파키스탄 쪽이 깎아지를 듯한 절벽 등으로 날카롭게 느껴진다면 중국 쪽으로 넘어가 타슈쿠르간 가는 길은 황량하지만 부드럽다. 두 시간 반 가량 걸려 타슈쿠르간에 도착해 마지막으로 짐 검사와 몸수색을 마치면 국경 넘기는 끝이 난다. 모든 절차가 끝나면 시간은 대략 오후 6시, 중국 시간으로 8시다.

타슈쿠르간에선 여행객들이 보통 교통빈관이나 파미르빈관에서 묵는다. 2인실 60원, 도미토리는 15원. 타슈쿠르간은 석두성(입장료 30원)이 유명하다.

타슈쿠르간····▶카슈가르(카스)

보통은 타슈쿠르간에서 하루 묵는데, 많은 사람들은 그날 바로 카스로 이동하기도 한다. 입국 심사하고 나오면 카스 가는 택시들을 쉽게 잡을 수 있다. 외국인에게는 한 차에 보통 중국 돈 400원을 받는다. 보통 4명이 타고 한 사람당 100원씩 낸다. 택시를 타면 카슈가르에 새벽 1시경에 도착하게 된다. 카슈가르로 가는 버스는 아침 9~10시 사이에 있다. 길기트에서 카슈가르까지의 직통 버스도 타슈쿠르간에서 하루 머물렀다가 다음날 아침 9시 반쯤 출발한다.

카라쿨 호수

카라쿨 호수는 타슈쿠르간에서 카슈가르 길에 있는 기막힌 호수다. 만년설이 덮인 '아버지의 산' 무즈타크아타 등으로 둘러싸여 있다. 타슈쿠르간에서 카슈가르로 가는 버스 타고 중간에 호수에서 내려도 되고, 여럿이 택시 잡기도 한다.

　카라쿨 호수에 내리면 숙소인 유르트를 이용하라는 호객꾼들이 몰려든다. 유르트는 간단한 저녁(판미엔·비빔국수)과 아침(낭)이 포함된 하루 숙박비가 25~40원. 말을 빌려 카라쿨 호수 전체를 한 바퀴 도는 데는, 세 시간 정도 걸리고 요금은 50~80원.

카라쿨 호수···▶카슈가르

타슈쿠르간에서 오는 버스를 기다렸다가 타면 된다. 4명이 차를 빌리면 카슈가르까지 200원 정도 한다. 버스로는 4시간 반, 차로는 3시간 걸린다.

카슈가르

여행자 숙소 두 곳이다. 치니와커Chini Bach 빈관은 2인 표준방 100원, 3인실 150원, 침대 3개 있는 도미토리 35원. 써민Seman 빈관은 2인실 100원, 도미토리 50원. 방은 모두 화장실이 안에 있고, 따뜻한 물도 나오고 TV도 있다.

참고 자료

잡지
월간 〈산〉, 「파키스탄 히말라야 대탐사」 김창호, 2002~2007년

신문
중앙일보, 「고선지 루트 1만km」 김주영·지배선, 2005년 8월 30일~11월 10일

단행본
『Pakistan&the Karakoram Highway』, Sarina Singh, Lonely Planet, 6판 2004년
『Trekking in the Karakoram & Hindukush』, John Mock, Lonely Planet, 2판 2002년
『그레이트 게임』 피터 홉커크 지음, 사계절, 2008년
『검은 고독 흰 고독』 라인홀트 메스너 지음, 평화출판사, 1983년
『나는 걷는다 1~3』 베르나르 올리비에 지음, 효형출판, 2003년
『등산』 김영도 외 지음, 대한산악연맹, 2002년
『마르코폴로의 길을 걷다』 마이클 야미시타 지음, 도요새, 2004년
『미지에의 도전3-탐험과 발견』, 이병철 지음, 아카데미서적, 1989년
『반주류 실크로드사-약자의 세계사를 위한 탐색』 김영종 지음, 사계절, 2004년
『방랑보다 황홀한 인생은 없다-박인식의 히말라야 순례기』, 박인식 지음, 초당, 1996년
『벌거벗은 산, 죽은 아우를 위하여』, 라인홀트 메스너 지음, 이레, 2004년
『비단길에서 만난 세계사』 정은주 외 지음, 창비, 2005년
『셰르파, 히말라야의 전설』 조너선 닐 지음, 지호, 2006년
『신의 뜻대로』 백경훈 지음, 이가서, 2007년
『실크로드 1~12』 NHK 취재반 지음, 은광사, 1989년
『실크로드 견문록』 글라우스 리히터 외 지음, 다른우리, 2002년
『실크로드 문명기행』 정수일 지음, 한겨레출판, 2006년
『실크로드의 악마들-중앙아시아 탐험의 역사』, 피터 홉커크 지음, 사계절, 2000년
『실크로드학』, 정수일 지음, 창비, 2001년
『왕오천축국전』, 혜초 지음, 정수일 역, 학고재, 2008년
『역동의 히말라야』, 남선우 지음, 사람과산, 1998년